Nicola Amato

La steganografia

da Erodoto a Bin Laden

Viaggio attraverso le tecniche elusive della comunicazione

NUOVA EDIZIONE GENNAIO 2023

Casa Editrice:
Amazon Independently Published

Foto di copertina di Philipp Katzenberger-jVx8JaO2Ddc-Unsplash
Codice ISBN: 978-1520262222

Sommario

Introduzione 9
1. La steganografia 15
    1.1 Che cos'è la steganografia 15
2. Storia della steganografia 25
    2.1 Erodoto..26
    2.2 La scìtala spartana..29
    2.3 L'inchiostro invisibile 33
    2.4 Le striscioline di seta cinesi...............................39
    2.5 I crittoanalisti arabi 41
    2.6 Tritemio...45
    2.7 Le griglie di Cardano..55
    2.8 La corrispondenza cifrata di Maria Stuart e la sua tecnica
steganografica..58
    2.9 La tecnica dei micropunti...................................74
    2.10 Il metodo acrostico...76
3. La storia di Bin Laden..83
    3.1 Breve biografia..83
    3.2 La rete terroristica Al-Qaeda 88
    3.3 La comunicazione multimediale di Bin Laden..........95
    3.4 Bin Laden e la steganografia 98
4. La Steganografia moderna..111

4.1 La steganografia moderna e la digitalizzazione dei nuovi media..112

4.2 I modelli steganografici 119

4.2.1 Steganografia Sostitutiva...................................123

4.2.1.1 Steganografia sostitutiva nei file immagine BMP 125

4.2.1.2 Steganografia sostitutiva nei file sonori WAV130

4.2.1.3 Steganografia sostitutiva nei file compressi ..131

4.2.1.4 Steganografia sostitutiva nei file immagine GIF 137

4.2.2 Steganografia Selettiva.....................................141

4.2.3 Steganografia Costruttiva..................................143

4.3 Sistema Steganografico ideale 145

5. Il software steganografico 149

5.1 Steganos Security Suite...150

Steganos Security Suite 2006 161

5.2 S-Tools 4...161

5.3 Jsteg Shell 2.0...165

5.4 MP3stego 166

5.5 Gif-it-up 1.0..167

5.6 Wbstego...168

5.7 Steghide...169

5.8 Secur Star DriveCrypt 174

5.9 Snow..177

6. La Steganografia nei file multimediali.............................181

6.1 Che cos'è la multimedialità 182

6.1.1 Multimedialità e interattività 183

6.1.2 Multimedialità e ipertestualità.........................185

6.1.3 Ipermedialità 189

6.2 Problematiche inerenti alla steganografia nei video ..191

6.3 Caratteristiche principali del software MSU StegoVideo 194

7. La Stegoanalisi 199

8. I campi di applicazione moderni della steganografia..........205

8.1 Sicurezza delle informazioni 206
8.2 Campo della medicina 211
8.3 Copyright e watermarking 212
8.4 Computer forensics 220
Conclusioni 229
Bibliografia 231
Informazioni sull'autore 237

Introduzione

Percorrendo la storia dell'umanità sono moltissimi gli episodi in cui le sorti di una vita, o addirittura di un intero popolo, sono dipese da sicurezza e segretezza impiegate nelle comunicazioni. Evitare che informazioni sensibili venissero scoperte o cadessero accidentalmente in mani sbagliate era, ed è tuttora, una continua lotta tra chi inventa metodi sempre più sofisticati per nascondere informazioni e chi, con le sole armi dell'intelligenza, fa di tutto per violarne la segretezza.

Dalle origini ad oggi, l'evoluzione delle tecniche di occultamento delle informazioni non solo è andata di pari passo con le scoperte scientifiche ma è stata al tempo stesso punto di partenza e motore di molti dei risultati ottenuti del progresso tecnologico, accelerandone notevolmente i tempi di sviluppo: basti pensare al chiaro esempio della velocità con cui si sono diffusi i computer.

In un mondo in cui l'informazione è diventata la materia prima più preziosa, l'importanza di nasconderne la circolazione o di proteggerne la riservatezza è andata via via aumentando; e mentre un tempo poteva essere considerata una precauzione destinata a pochi casi limite, oggi il bisogno di riservatezza è più che mai vicino alla vita di tutti. Ogni giorno telefonate, messaggi di posta elettronica o transazioni di qualunque genere attraversano regioni, paesi, continenti, in luoghi potenzialmente esposti al rischio di intercettazione, con inevitabili conseguenze che possono mettere a repentaglio la nostra privacy.

Acquisire dunque maggiori competenze in ambito steganografia si rende assolutamente necessario, se si hanno a cuore le sorti della sicurezza delle proprie comunicazioni.

A distanza di un anno dalla prima edizione di questo libro, è sorta la necessità di elaborare una nuova edizione che tenesse in considerazione alcuni elementi sostanziali che si sono affacciati prepotentemente alla ribalta della nostra società.

Molto ha contribuito, alla nascita di questa seconda edizione, il crescente interesse per la steganografia a cui abbiamo assistito in questi ultimi mesi. Interesse, che sembra essere andato di pari passo con l'evolversi in maniera esponenziale delle tecniche steganografiche.

A seguito del successo di questa seconda edizione cartacea del libro, ho deciso di produrne anche una versione e-book, in modo da essere più snella nella lettura ed essere accessibile a tutti, visto che il prezzo dell'e-book è di gran lunga inferiore a quello cartaceo.

Quali sono, allora, le differenze con la vecchia edizione?

Ricordiamo in sintesi i capitoli che erano presenti nella vecchia edizione.

I primi tre capitoli, oltre che definire la steganografia e spiegare il sistema di watermarking e come attaccarlo, ci portano attraverso la sua evoluzione storica facendoci entrare dentro le varie tecniche utilizzate, a volte rudimentali, altre a dir poco geniali, in un viaggio che ci porterà da Erodoto sino alle tecnologie moderne di Bin

Laden, passando attraverso Tritemio, Cardano, la scitala spartana, l'inchiostro invisibile, l'acrostico e tanti altri.

Il quarto capitolo entra un po' di più nello specifico della materia analizzando la steganografia moderna dal punto di vista tecnico, fornendo utili spiegazioni ed esempi sui modelli steganografici utilizzati al giorno d'oggi.

Il quinto capitolo invece è dedicato al moderno software steganografico. In esso è spiegato l'utilizzo dei software maggiormente in uso, ove reperirli, destinazione d'uso ed esempi su come celare un testo segreto all'interno di un file sonoro o all'interno di una immagine.

Un ulteriore capitolo è dedicato alla stegoanalisi. In netta contrapposizione alla steganografia, che come vedremo ha lo scopo di celare la comunicazione, la stegoanalisi è la scienza che si occupa di "rompere" i sistemi steganografici cercando di scoprire il messaggio nascosto all'interno di un messaggio contenitore.

In aggiunta a questi capitoli già presenti nella vecchia edizione, oltre ad essere stati essi stessi rielaborati, sono stati inseriti due nuovi capitoli, uno che riguarda la steganografia nei file multimediali, argomento non trattato nella precedente versione in quanto lo studio della steganografia nei video era ancora in fase embrionale, e l'altro inerente i campi d'applicazione moderni della steganografia, dove trova spazio la steganografia applicata al campo medico, il copyright, la sicurezza delle informazioni ed infine la steganografia inserita all'interno degli strumenti utilizzati dagli operatori del computer forensics.

È stato inoltre elaborato nuovamente il capitolo riguardante la steganografia moderna rendendolo più corposo. Nello specifico, è stato aggiunto un lungo paragrafo riguardante la digitalizzazione dei nuovi media in correlazione con la steganografia.

In aggiunta, è stato ampliato il concetto di steganografia sostitutiva suddividendolo in diversi paragrafi inerenti all'applicazione della steganografia nei file BMP, WAV, GIF.

Ampia spiegazione inoltre è fornita sul funzionamento degli algoritmi di compressione dei file immagine e sonori, soffermando la discussione sul quando usare i file compressi come contenitori steganografici e i problemi dovuti alla compressione.

Per chi è consigliato questo libro?

L'intento di questo libro è quello di fornire delle solide basi di studio della materia, con la consapevolezza del fatto che è talmente vasto il campo di applicazione della steganografia che mai alcun testo potrebbe essere totalmente esaustivo.

Questo libro, comunque, rappresenta un robusto punto di partenza a livello conoscitivo che offre una visione globale della steganografia antica e moderna, fornendo chiare e semplici spiegazioni delle tecniche steganografiche utilizzate al giorno d'oggi con relativi esempi di applicazione pratica.

Non è un manuale prettamente tecnico, in quanto non scende nei minimi dettagli tecnici degli algoritmi, in quanto vuole essere un ottimo strumento per avvicinarsi alla steganografia ed avere una solida base di conoscenza per poi approfondire attraverso altre fonti i singoli dettagli che hanno destato particolare interesse.

Un libro, insomma, che si propone di essere letto da una vasta ed eterogenea utenza e non esclusivamente da lettori di nicchia ed esperti del settore.

Particolarmente interessante lo troveranno gli studenti universitari di scienze della comunicazione, per via degli innumerevoli spunti in ambito comunicazione, ai quali ne consiglio vivamente la lettura, se non altro per avere una visione a 360 gradi della comunicazione, includendo in essa anche la sua elusione.

Non mi resta che augurarvi buona lettura e ringraziarvi per aver posato lo sguardo su questo libro.

Nicola Amato

1. La steganografia

1.1 Che cos'è la steganografia

Il termine steganografia[1] si riferisce ad una tecnica elusiva della comunicazione che ha origini molto antiche. Ciò nonostante, è ancora poco conosciuto, anche se ultimamente è salito alla ribalta dopo gli attentati dell'11 settembre 2001 alle Torri Gemelle di New York.

Perché se ne è parlato a lungo dopo gli attentati? Perché sembra che i componenti della rete terroristica di Al-Qaeda abbiano fatto largo uso della steganografia per comunicare tra loro e tramare attentati.

Ma entriamo nello specifico della steganografia.

Iniziamo col dire che la parola steganografia deriva dall'unione dei due vocaboli greci *stèganos* che vuol dire nascosto e *gràfein* che

---

[1] "Steganografia origini, tecniche e prospettive" – Articolo di Roberto Campesato, Andrea Sottoriva - Versione 0.7, 05 Febbraio, 2005 - (www.metalabs.org/hifi/docs/steganografia.ps)

significa scrivere. Si tratta dunque di scrittura nascosta, o meglio ancora, l'insieme delle tecniche che consente a due o più persone di comunicare tra loro in modo tale da nascondere l'esistenza della comunicazione agli occhi di un eventuale osservatore.

Dobbiamo premettere che la steganografia viene di solito confusa con la crittografia. In realtà esiste una differenza ben precisa tra i due concetti. È bene dunque, prima di avventurarci nella lettura di questo libro, fare chiarezza sulla terminologia.

Mentre la crittografia è la tecnica mediante la quale un messaggio viene codificato affinché appaia incomprensibile a chi non possiede la chiave per decodificarlo, la steganografia è piuttosto l'arte di nascondere un messaggio all'interno di un contenitore o vettore, in apparenza insospettabile, così da rendere non tanto la decodifica del contenuto difficoltosa, quanto pressoché impossibile la sua stessa identificazione.

In definitiva, mentre lo scopo della crittografia è quello di nascondere il contenuto di un messaggio, la steganografia si prefigge invece di nasconderne l'esistenza.

Il suo utilizzo scaturisce dal fatto che in molte circostanze il solo uso della crittografia non è sufficiente. Si pensi per esempio a due persone che vengono sorprese a scambiarsi messaggi cifrati tra loro: indipendentemente dal contenuto del messaggio, il solo fatto che vengano scambiati messaggi cifrati desta ovvi sospetti. Sorge quindi la necessità di utilizzare metodi alternativi per lo scambio di messaggi privati, quali appunto il nascondere il fatto che una qualsiasi forma di comunicazione sia avvenuta; parliamo dunque in quest'ultimo caso di steganografia.

Un esempio molto esplicativo riguardante l'utilizzo della steganografia è riportato in uno studio effettuato da Simmons nel 1983 dal titolo "Problema dei prigionieri"[2].

In particolare, si narra di Alice e Bob che sono in prigione e vogliono escogitare un piano per fuggire. C'è un problema però: tutte le loro comunicazioni sono tenute sotto stretta sorveglianza del guardiano Willie che ostacolerà il loro piano, trasferendoli in una prigione ad alta sicurezza, se dovesse individuare anche il minimo messaggio nascosto.

Come fare allora?

La soluzione per i due prigionieri, per riuscire nel loro intento, sembra essere quella che Alice deve essere in grado di mandare dei messaggi a Bob senza che la guardia possa insospettirsi. Devono quindi trovare un metodo per nascondere il loro testo cifrato all'interno di un testo apparentemente innocuo ed insospettabile. Sebbene questa tecnica possa risultare molto efficace, bisogna comunque tenere in considerazione che può funzionare con un avversario definito "passivo", ossia che non può modificare il messaggio contenitore e quindi neanche quello segreto nascosto al suo interno. Nascondere un messaggio però in modo tale che nemmeno un avversario "attivo" possa rimuoverlo è un problema ben più complesso.

Facciamo un esempio pratico.

Se la guardia non si limitasse a guardare i messaggi che si scambiano Alice e Bob, ma fosse in grado di alterarne anche alcune parti senza modificarne il significato, ecco che Bob non sarebbe più in grado di risalire al testo segreto originale di Alice. La guardia però non sa dove sia nascosto il segreto, quindi potrebbe

---

[2] G. J. Simmons, "The prisoners' problem and the subliminal channel", in Advances in Cryptology: Proceedings of Crypto 83 (D. Chaum, ed.), pp. 51-67, - Plenum Press, 1984.

solo cambiare la parte del messaggio dove pensa che vi sia nascosto qualcosa.

Questo è il punto: è proprio sull'insicurezza della guardia che deve basarsi Alice quando nasconde il testo segreto.

Torniamo al giorno d'oggi.

Il concetto teorico di steganografia non ha subito alcuna modificazione nel corso degli anni, pur essendo passata attraverso l'evoluzione tecnologica.

Oggi la steganografia consente di nascondere all'interno di file digitali, immagini o suoni che siano, ogni tipo di file o di messaggio segreto. Perché proprio in questo consiste la tecnica moderna: con l'ausilio di software particolare, che vedremo nel quinto capitolo, si prende un'immagine o un file audio e si estraggono alcune unità grafiche minime che la compongono, ossia alcuni pixel nel caso delle immagini digitali, e le si sostituiscono con dei dati, in genere lettere di testo, che andranno a comporre il messaggio che si vuol far passare. Dal momento che certe immagini sono composte da milioni di pixel, la sostituzione di soltanto alcuni di essi non sarà apprezzabile ad occhio nudo ma, per leggere il messaggio, servirà uno dei tanti programmi reperibili online.

Il risultato è stupefacente: l'immagine originale e quella in cui è stato iniettato un altro file contenente un messaggio di testo, messe a confronto, sono perfettamente identiche, sia in termini di risoluzione grafica sia per quello che concerne il peso, ossia lo spazio occupato sulla memoria di massa.

(Affronteremo comunque l'argomento in dettaglio nei prossimi capitoli).

Non solo. La steganografia oggi è pienamente coinvolta nelle questioni legate al diritto d'autore.

Vediamo alcuni esempi.[3]

Nel 1997 la rivista *Playboy* ha dato il via a una vera e propria rivoluzione per la difesa del copyright. Con l'ausilio di un software particolare, in tutte le foto di Playboy pubblicate su Internet è stata inserita una filigrana particolare detta *watermark*.

Con il termine *watermark*[4] (o *digital watermarking*) si indica una sorta di filigrana digitale destinata a "marcare" al proprio interno, come una vera e propria firma, determinati tipi di file immagine, prevalentemente allo scopo di contrassegnarne l'origine. E' un efficace modo, quindi, attraverso il quale è possibile scoprire le eventuali violazioni del copyright. Questo vuol dire che, se qualcuno utilizza indebitamente l'immagine inserendola nel proprio sito, è immediatamente rintracciabile e può essere perseguito con maggiore facilità. Al tempo stesso è più semplice richiedere informazioni sul detentore dei diritti di una particolare immagine allo scopo di ottenerne l'autorizzazione a pubblicarla.

Ritorneremo comunque a parlare di watermarking nell'ultimo capitolo in maniera più approfondita.

Ma Playboy non è stato il solo a preoccuparsi di tutelare il proprio copyright attraverso l'uso di tecniche steganografiche.

L'IBM, per esempio, ha utilizzato il watermarking per digitalizzare le immagini del patrimonio artistico della Biblioteca Vaticana.

Ma come si è arrivati a questa decisione?

---

[3] Esempi tratti da:
ww.repubblica.it/online/tecnologie_internet/steganografia/steganografia/steganografia.html

[4] -"Steganografia origini, tecniche e prospettive" – Articolo di Roberto Campesato, Andrea Sottoriva Verrsione 0.7, 05 Febbraio, 2005 (www.metalabs.org/hifi/docs/steganografia.ps
- "L'informatica per i Beni Culturali" - Articolo di Domenico Bennardi, 1999 http://freeweb.supereva.com/bennardi.freeweb/InfoBC.htm?p

Si è partiti dalla considerazione che il compito primario di ogni biblioteca è quello di raccogliere, catalogare, conservare e tutelare il patrimonio che custodisce, per metterlo poi a disposizione di quanti desiderano usufruirne. Si pensi per esempio ad una biblioteca che conserva documenti unici e preziosi, per la cui consultazione arrivano richieste da tutto il mondo. Queste richieste possono essere soddisfatte con la spedizione per posta di fotocopie, microfilm o altri tipi di riproduzione fotografica; ma il tempo che passa dall'inoltro della richiesta dell'utente è di due, tre mesi e forse più.

Proprio di fronte a questi problemi si è trovata la Biblioteca Vaticana, una delle più preziose del mondo, fondata nel 1451 da Papa Niccolò V in pieno Umanesimo. Il tesoro della biblioteca è rappresentato da una collezione unica al mondo di 150.000 manoscritti antichi, oggetto di desiderio di studiosi di tutto il mondo. Da qui la necessità di un progetto, nato nel 1993, di archiviazione e distribuzione in formato digitale del patrimonio della Biblioteca Vaticana, a cui l'IBM ha fornito il supporto tecnologico.

Bisognava soprattutto ridurre i tempi, dai circa due mesi della distribuzione via posta ai pochi minuti del trasferimento della stessa informazione sotto forma di immagini digitali attraverso Internet. Indubbiamente questa rivoluzione tecnologica rappresenta un grande vantaggio, ma sarebbe riduttivo considerarlo come l'unico proveniente da un approccio digitale. Il vantaggio più significativo, infatti, è quello di rendere più vasta la platea di studiosi che possono accedere ai contenuti della Biblioteca. Inoltre, non bisogna sottovalutare i vantaggi apportati all'integrità e alla conservazione delle opere custodite.

Tecnicamente, come si è sottolineato, la distribuzione dell'informazione digitale rappresenta una migliore alternativa alla fotografia ed alla micro-filmatura.

Il microfilm tende, infatti, a degradarsi nel tempo, mentre le immagini digitali hanno un'esistenza senza tempo. L'unico inconveniente è rappresentato dal fatto che le immagini digitali potrebbero navigare in Rete senza la dovuta autorizzazione.

Ecco dunque che l'IBM ha introdotto il watermarking per salvaguardare il copyright delle opere. IBM ha messo inoltre a disposizione anche il software per la "marcatura": su ogni immagine, infatti, viene automaticamente impresso il logo della Biblioteca Vaticana.

L'obiettivo del progetto, di cui è terminata la fase avanzata di sperimentazione, era dunque quello di offrire un banco di prova per valutare la validità dell'approccio proposto: permettere l'accesso remoto alla parte più preziosa della Biblioteca Vaticana, prevalentemente, ma non solo, attraverso la distribuzione via Internet nella maniera più sicura possibile.

Il progetto è partito in via sperimentale mettendo a disposizione di dieci studiosi americani un primo lotto di 20.000 immagini, con la digitalizzazione di circa 60 manoscritti. Una scelta significativa è stata quella di aver privilegiato la qualità delle immagini acquisite. Per la conversione delle immagini è stato utilizzato uno scanner costruito nei laboratori di ricerca di IBM a Yorktown Heights, New York. Si tratta di un dispositivo che presenta un'alta fedeltà nella riproduzione geometrica e cromatica, in grado di riprodurre immagini digitali con una risoluzione fino a 3.000 x 4.000 pixel e a 16 milioni di colori.

Com'è ovvio immaginare, l'adozione di un livello di qualità delle immagini così elevato va a scapito della velocità di acquisizione, ma questa scelta è legata alla rapidità dei cambiamenti tecnologici, in vista quindi di strumentazioni hardware future in grado di leggere queste informazioni digitali.

Oggi, infatti, la trasmissione di immagini digitali è ancora limitata dalle infrastrutture di Rete, contrariamente a quanto si spera accadrà fra qualche anno.

Anche le case discografiche si stanno attrezzando con tecniche steganografiche per proteggere i propri prodotti. Sono tanti i soldi spesi dall'industria discografica negli ultimi anni per mettere a punto una tecnologia per proteggere i CD dai temibili masterizzatori e dagli MP3. Gli ultimi tentativi, tra l'altro poco efficaci, consistono in un tipo di CD che si può solo ascoltare in un lettore CD musicale e non nel computer; in quest'ultimo caso il CD verrebbe riconosciuto come difettoso.

Tuttavia, l'unico risultato del piano è stato quello di irritare i clienti. Il problema per le case discografiche è che le loro barriere anti copiatura sono difficili da abbattere, ma basta anche solo una persona che ci riesca perché la canzone inizi a circolare indisturbata su Internet. Negli ultimi tempi le case discografiche, le società di software e gli studi cinematografici, hanno cercato di promuovere tra i costruttori di computer un sistema per proteggere i propri diritti d'autore. L'iniziativa non è andata a buon fine; tra i motivi c'è il fatto che i costruttori si sono dimostrati preoccupati dei risultati in termini di vendite. L'ultimo tentativo è di tipo legale. La RIAA, l'associazione che riunisce le grandi case discografiche degli Stati Uniti, l'equivalente americano della nostra SIAE, ha cercato di far approvare una legge per consentire alle case discografiche di essere "presenti" nei computer collegati a Internet per cancellare le canzoni pirata. La legge non è passata ai voti.

Convincere gli internauti: la pirateria è vietata. Questa, in teoria, è forse uno dei metodi più efficaci per lottare contro il fenomeno della pirateria.

Non si può non menzionare, a questo punto, il caso SDMI (Secure Digital Music Initiative). Il forum, composto da più di 160 società ed associazioni provenienti da settori differenti, aveva annunciato alcuni mesi fa la realizzazione di un sistema, prodotto dall'azienda californiana "Verance", volto a prevenire la pirateria musicale attraverso mezzi elettronici. L'elemento centrale era una specie di pellicola virtuale, detta appunto watermark, la quale andava ad "avvolgere" il file Mp3 da proteggere e forniva le informazioni sul copyright ai lettori o registratori Mp3 senza che venisse ravvisato alcun decadimento qualitativo del suono.

Si tratta in definitiva di un'applicazione software che fissa indelebilmente sui file musicali una sorta di "sovrimpressione", impercettibile, che li rende riconoscibili al fine di tutelarne il copyright: un marchio che veicola informazioni sul prodotto e ne rende possibile l'uso solo a certe condizioni. Tali dispositivi avrebbero dovuto rifiutarsi di copiare certi brani, secondo quanto riportato dal watermark da essi contenuto.

Ma tutto ciò non è successo. Come mai?

Edward Felten, docente di informatica a Princeton, una delle università più prestigiose degli Stati Uniti, ha condotto una ricerca su questo sistema di sicurezza digitale scoprendone la vulnerabilità. Il ricercatore e la sua equipe sostengono di aver analizzato i file "marchiati" e di essere riusciti a modificarli facendo in modo che il watermark non fosse più rintracciabile e mantenendo, al tempo stesso, una qualità sonora soddisfacente.

Il problema è che se pubblica i risultati della ricerca rischia una denuncia perché una legge federale degli Stati Uniti, la Digital millenium copyright act (Dmca) del 1998, vieta di divulgare informazioni che possano favorire la manomissione dei sistemi informatici e la violazione dei diritti d'autore, e le industrie interessate potrebbero, quindi, intentare un'azione legale nei suoi confronti.

Non mancano infine i "creativi" della steganografia. Il pittore Thomas Kinkade si dice che firmi le tirature più pregiate dei suoi quadri usando inchiostri mescolati al DNA del proprio sangue. In questo modo, in caso di controversie legali legate all'autenticità delle sue opere, può far valere le sue ragioni e veder riconosciuti i propri diritti d'autore.

Torneremo comunque a parlare di watermarking nell'ultimo capitolo in maniera più approfondita.

È un dato di fatto dunque che la steganografia sta prendendo sempre più piede nella società moderna, tuttavia le sue origini non sono affatto recenti. Anzi, c'è stato un lungo percorso storico cosparso di varie tecniche steganografiche, dalle più semplici e banali a quelle originali e a dir poco geniali, che ci hanno condotto all'odierna steganografia.

Ed è quello che andremo a scoprire nel prossimo capitolo.

2. Storia della steganografia

Una volta acquisite le basi terminologiche e concettuali della steganografia, per meglio comprendere i capitoli seguenti di questo libro, i quali si soffermeranno in maniera più dettagliata sugli aspetti tecnici della steganografia moderna, nonché tratteranno ampiamente dei rapporti con il terrorismo ed in particolare con Bin Laden, ritengo sia giunto il momento di analizzare il percorso storico della steganografia. Verrà effettuato non dal punto di vista cronologico, bensì prendendo in considerazione le tecniche steganografiche più famose che sono state utilizzate nel corso degli anni ed i personaggi di spicco coinvolti.

È un viaggio entusiasmante che ci condurrà alla scoperta delle più geniali e bizzarre tecniche elusive della comunicazione.

2.1 Erodoto[5]

Iniziamo questo viaggio con un precursore della steganografia, il quale narra di piani semplici ma geniali. Erodoto era uno storico greco nato da una eminente famiglia cario-greca il 484 a.C., ad Alicarnasso di Caria, durante la dominazione persiana. In seguito alla rivolta contro il tiranno Ligdami e alla conseguente guerra civile, fuggì a Samo e solo occasionalmente ebbe l'opportunità di ritornare in patria. In quegli anni viaggiò a lungo attraverso l'impero persiano, l'Egitto, la Mesopotamia, la Scozia e la Macedonia, trasferendosi poi nella Magna Grecia e successivamente a Turi, colonia panellenica presso Sibari.

Degli anni seguenti non si hanno molte notizie; da cenni contenuti nella sua opera sembrerebbe che Erodoto assistette alle prime fasi della guerra del Peloponneso. "Le Storie", la sua grande opera, narra dei contrasti e delle lotte durante le guerre persiane tra la Grecia e i barbari.

Erodoto dichiara che il suo intento è quello di conservare il ricordo delle grandi imprese compiute sia dai greci che dai barbari. Negli anni successivi, il testo fu diviso dai grammatici alessandrini in nove libri, ciascuno intitolato col nome di una Musa. Alcuni dei più remoti esempi di steganografia sono contenuti proprio negli aneddoti narrati da Erodoto nelle sue "Storie", ed in particolare dove si fa riferimento alle guerre combattute dai greci nel V secolo a.C. contro l'impero persiano.

In quegli anni, le mire espansionistiche di Serse, imperatore di Persia, minacciavano la libertà e l'indipendenza delle polis elleniche: durante la costruzione di Persepoli, nuova capitale persiana, tributi e doni giunsero nella città da ogni parte

---

[5] Erodoto. Pagg.515 de L'universale- La grande enciclopedia tematica n.17 – 2005 Garzanti Libri

dell'impero e dai paesi vicini. Soltanto Sparta e Atene, visto anche i precedenti rapporti non proprio idilliaci con i persiani in occasione della battaglia di Maratona, si astennero dal celebrare l'operato degli uomini al servizio di Serse il quale, da parte sua, considerò questa presa di posizione non solo come una mancanza di rispetto nei suoi confronti, ma come un vero e proprio affronto all'autorità che impersonava. Più che mai deciso a vendicarsi, Serse cominciò ad arruolare soldati e, dopo ben cinque anni passati a radunare il più grosso esercito che si fosse mai visto a quell'epoca, ritenne che fosse giunto il momento di sferrare l'attacco a sorpresa.

Il caso volle che durante i preparativi fosse presente Demarato, un esule greco stabilitosi in territorio persiano. Nonostante la sua lontananza imposta dalla Grecia, nutriva ancora un certo amor di patria nei confronti del suo paese natale. Demarato, perciò, decise di fare il possibile per avvertire spartani ed ateniesi dell'attacco imminente.

Per evitare che informazioni riguardanti l'attacco trapelassero oltre il confine, Serse aveva disposto che ogni merce in transito da o verso la Persia fosse controllata scrupolosamente dalle sentinelle imperiali. Demarato era fortemente intenzionato a inviare un messaggio agli ellenici, ma per farlo con successo avrebbe dovuto ovviamente eludere il controllo delle sentinelle. Gli venne allora un'idea: prese delle tavolette scrittorie, rimosse la cera e incise il messaggio sul legno sottostante che in seguito fece ricoprire con della nuova cera; in questo modo le tavolette, che avevano chiaramente l'aspetto di tavolette vergini, non insospettirono le sentinelle al confine che le lasciarono passare in Grecia senza problemi.

Le tavolette scrittorie erano, all'epoca, una sorta di blocco per gli appunti, i precursori dei post-it moderni. Il suo funzionamento era semplicissimo. Consisteva in una scatoletta di legno all'interno della quale veniva colato uno strato di cera. Una volta solidificata, la cera si prestava ad essere utilizzata come base per incidere alcuni appunti o messaggi. Una volta che non serviva più quanto era stato scritto, la cera veniva rimossa, sciolta e colata nuovamente nella scatoletta di legno, pronta ad essere utilizzata un'altra volta.

Erodoto racconta che il messaggio nascosto nelle tavolette, una volta giunto nelle mani del popolo greco, venne scoperto grazie a una premonizione di Gorgo, moglie di Leonida. Fu così che la scoperta del messaggio da parte dei greci permise loro di investire il ricavato delle miniere d'argento nella costruzione di navi, in vista dell'arrivo della flotta nemica. Sparta e Atene, fino a quel momento del tutto inconsapevoli della vicina minaccia, iniziarono dunque a preparare e armare i loro eserciti, ampliando con duecento navi la flotta militare e forgiando nuove armi.

Il 28 settembre 480 a.C. le navi belliche persiane giunsero davanti alla baia di Salamina. Pensando di cogliere i greci di sorpresa e pensando di aver imbottigliato le navi elleniche, si spinsero all'interno della baia. In realtà quella fu solo una trappola. Infatti, una volta dentro l'insenatura, le grosse navi persiane, fortissime in mare aperto, si trovarono indifese in uno specchio d'acqua così piccolo e subirono una sonora sconfitta da parte delle veloci e piccole navi greche.

I Greci dunque, che fino a quel momento sarebbero stati del tutto impreparati ad un attacco a sorpresa, corsero immediatamente ai ripari e si salvarono grazie proprio al messaggio segreto di Demarcato, sconfiggendo miseramente l'armata persiana.

Un altro curioso episodio, in cui la tecnica steganografica è stata usata con successo, è riportato da Erodoto nel quinto libro delle "Storie" e si colloca nello stesso periodo storico.

Si narra di Istieo, cugino di Aristagora di Mileto, che era stato allontanato dalla città di Mileto dal re persiano Dario e costretto a soggiornare a Susa. Istieo, desideroso di vendicarsi e di tornare nella Ionia, decise di avvertire il cugino Aristagora affinché organizzasse la ribellione contro il re persiano.

C'era soltanto un problema: tutte le strade della città di Susa erano presidiate da sentinelle e Istieo non osava inviare una lettera al cugino per paura che fosse intercettata. Escogitò allora un piano geniale: prese il più fedele dei suoi servi e gli fece rasare completamente i capelli, tatuò sulla testa di quest'ultimo il messaggio da inviare ad Aristagora; attese che i capelli del servo fossero ricresciuti e lo inviò a Mileto dal cugino con l'indicazione che una volta giunto lì avrebbe dovuto chiedere ad Aristagora che gli venissero tagliati i capelli. Arrivato a destinazione fece come era stato istruito: gli furono rasati i capelli e Aristagora lesse il messaggio, lo comunicò ai suoi uomini più fidati che diedero inizio alla rivolta.

2.2 La scìtala spartana

Nell'arco dei duemila anni che ci separano dalla storia della Grecia, così come raccontata da Erodoto, innumerevoli altre forme di steganografia sono state sviluppate in tutto il mondo. Uno dei primi esempi in cui la steganografia viene usata in concomitanza con l'uso di una forma meccanica di crittografia è la scitala spartana.[6]

Plutarco, nella sua opera intitolata "Vite parallele", scrisse che gli efori, i magistrati di Sparta, inviarono a Lisandro una scitala con l'ordine di tornare in patria. In particolare, Plutarco racconta di un avvenimento occorso nel 404 a.C. dove, nell'accampamento dello

---

[6] Simon Singh, "Codici e segreti (The Code Book)" - BUR saggi, Febbraio 2002 http://www.mediamente.rai.it/docs/approfondimenti/010620.asp

spartano Lisandro, arrivò un corriere provato da mille insidie, uno dei pochissimi sopravvissuti all'attraversamento del territorio persiano. Il corriere consegnò un nastro a Lisandro che poi avvolse attorno ad un cilindretto di legno, dal quale apprese che il persiano Farnabazo progettava di attaccarlo. Il giorno stesso organizzò una difesa e il nemico fu respinto.

Il funzionamento della scitala era piuttosto semplice, e ce lo spiegò lo stesso Plutarco nella sua opera:

"La scitala consiste in questo. Gli efori, all'atto di spedire all'estero un generale, prendono due pezzi di legno rotondi e perfettamente uguali, sia in lunghezza sia in larghezza, di dimensioni cioè corrispondenti. Di questi pezzi di legno, che si chiamano scitale, uno lo conservano loro, l'altro lo consegnano al partente. In seguito, allorché vogliono comunicare qualche cosa di grande importanza e che nessuno altro deve sapere, tagliano un rotolo di papiro lungo e stretto come una cinghia e l'avvolgono attorno alla scitala in loro possesso, coprendone tutt'intorno la superficie del legno col papiro, senza lasciare il minimo interstizio. Compiuta questa operazione, scrivono sul papiro così come si trova disteso sulla scitala ciò che vogliono, e una volta scritto, tolgono il papiro e glielo mandano senza il bastone. Il generale, quando lo riceve, non può leggere le lettere di seguito, poiché non hanno alcun legame tra loro e rimangono sconnesse, finché anch'egli non prende la sua scitala e vi avvolge in giro la striscia di papiro. Così la spirale torna a disporsi nel medesimo ordine in cui fu scritta, e le lettere si allineano via via, di modo che l'occhio può seguire la lettura attorno al bastone e ritrovare il senso compiuto del messaggio. La striscia di papiro è chiamata scitala al pari del legno".

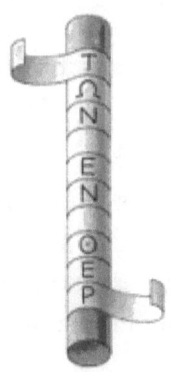

Foto 2.2.1

La scitala spartana

(foto di pubblico dominio)

Consisteva, dunque, in un cilindro di legno su cui veniva arrotolata ad elica una striscia di papiro sulla quale poi sarebbe stato scritto il messaggio, seguendo la direzione dell'asse del cilindro. Una volta scritto il messaggio, la striscia di papiro veniva srotolata: il risultato ottenuto era una sequenza di caratteri incomprensibile e apparentemente casuale, disposta lungo una delle superfici della striscia. Questa sequenza altro non era che una permutazione delle lettere che componevano il messaggio.

A questo punto, per ricavare il testo originale, era necessario che il destinatario fosse in possesso di una scitala dello stesso diametro di quella usata dal mittente; arrotolando nuovamente ad elica la striscia di papiro, diventava quindi possibile per il destinatario del messaggio leggerne il contenuto.

È interessante notare, che compare un concetto assolutamente embrionale di chiave crittografica che prende forma e s'identifica con la scitala: chiunque in possesso di una scitala uguale per diametro a quella usata dall'autore del messaggio era in grado di intercettarlo; diversamente, con scitale di diametro inferiore o superiore, non era possibile ottenere il giusto allineamento delle lettere e di conseguenza leggerne il vero significato.

L'uso di questa rudimentale tecnica crittografica veniva spesso associato ad applicazioni di tipo steganografico: quindi, a questo punto, non solo la comunicazione era nascosta rendendo difficile stabilire che fosse avvenuta, ma anche nel caso in cui fosse stata scoperta, sarebbe risultata comunque illeggibile da chi non era in possesso della scitale avente un diametro adeguato a consentirne la decodifica.

In molti casi, per scrivere il messaggio veniva utilizzata una striscia di cuoio anziché di papiro. In tal modo poteva facilmente essere camuffata da cintura o da qualsiasi altro accessorio personale nelle mani del messaggero; questo consentiva una maggiore sicurezza nella comunicazione perché, anche in caso di perquisizione da parte di autorità di controllo, la presenza del messaggio sarebbe rimasta comunque quasi del tutto inaspettata ed insospettabile.

Un'altra rudimentale ma efficace tecnica steganografica dello stesso periodo, esattamente tra il 360 e 390, fu scritta da Enea il tattico, un noto generale della lega arcaica, nel primissimo trattato che parla dei messaggi segreti.

Nel suo manuale è descritto un disco lungo sulla cui circonferenza sono allineati 24 fori, ognuno corrispondente ad una lettera dell'alfabeto. Iniziando dal centro del cerchio, un filo attraversa i fori in corrispondenza delle lettere del testo e, terminato il messaggio, lo si poteva decifrare leggendo al contrario le lettere indicate dal filo.

2.3 L'inchiostro invisibile

Una tecnica steganografica, tanto interessante quanto semplice da attuare, utilizzata negli anni passati ma ancora oggi sempre attuale ed impiegata per fare scherzi agli amici, è quella della scrittura invisibile. Il suo uso risale ad epoche remote: gli Antichi Romani, per esempio, per celare la loro comunicazione, scrivevano nello spazio bianco che c'era fra le linee già scritte di un testo palese, utilizzando un inchiostro invisibile fatto con sostanze naturali, quali il succo di limone, il latte o l'urina.

Tecnicamente, si basa sulla particolare reazione al calore di alcuni elementi chimici presenti in prodotti di uso quotidiano e facilmente reperibili, quali limone, aceto, etc.. Per attuarla, basta intingere un arnese appuntito dentro un po' di succo di limone e scrivere con esso su di un foglio di carta. Una volta che il foglio si asciugherà, la scritta sarà completamente invisibile. Quello che si vedrà sarà un foglio completamente bianco, senza tracce o segni di scrittura. Per poterla leggere è sufficiente passare più volte lentamente la fiamma della candela o dell'accendino sotto il foglio, evitando di bruciarlo, e la frase, che precedentemente era stata scritta, "magicamente" comparirà.

Al giorno d'oggi, dunque, quando si fa riferimento al suo uso si pensa a qualcosa di buffo e inusuale, un trucco per organizzare improbabili giochi di prestigio, ma nella realtà anche la scrittura simpatica ha giocato un ruolo importante nella storia della steganografia.

Ripercorriamola brevemente.

Gaio Plinio Secondo, detto anche Plinio il Vecchio, uno scienziato naturalista del I secolo d.C., nato da una famiglia di ceto equestre da parte di padre e senatoriale da parte di madre, fu il primo, di cui si hanno testimonianze scritte, a raccontare di un inchiostro invisibile che si può ricavare dal lattice del titimabo, una pianta originaria dell'Egitto, terra di conquista degli Antichi Romani, e che, una volta esposto al calore, assume un colore marroncino dovuto al degrado termico delle sostanze organiche in esso contenute.

Questo comportamento è legato alla presenza del carbonio, elemento presente in tutte le sostanze organiche; pertanto molte sostanze di origine "biologica" si comportano allo stesso modo. (È noto, per esempio, il caso di molti agenti segreti i quali, avendo esaurito la scorta di inchiostro simpatico, non hanno esitato a servirsi della loro urina).

Tale testimonianza si trova nella sua opera "Naturalis istoria", l'unica rimasta dopo che tutte le altre sono andate perdute. Plinio sosteneva di non aver mai letto un libro tanto cattivo da non avere qualche utilità; leggeva quindi di continuo, schedava, prendeva appunti. Il risultato fu un'opera enciclopedica suddivisa in trentasette libri, con argomenti che riguardano la cosmologia, geografia, fisica, antropologia, zoologia, botanica, medicina, metallurgia e mineralogia (con ampie digressioni sulla storia dell'arte), destinata a inventariare le conoscenze acquisite dall'uomo. Plinio elaborò una mole impressionante di dati: trentaquattromila notizie, duemila volumi letti di cento autori diversi e centosettanta cartelle di appunti e schede preparatorie.

Anche lo scienziato italiano del XVI secolo, Gianbattista Della Porta, spiegò che con una tecnica simile è possibile nascondere dei messaggi addirittura nelle uova sode: basta preparare un inchiostro con trenta grammi di allume e mezzo litro di aceto e scrivere con questo sul guscio di un uovo sodo. Il preparato viene così completamente assorbito dalla superficie porosa del guscio senza lasciare traccia. Soltanto sbucciando l'uovo è possibile risalire al messaggio scritto in precedenza, il quale rimane impresso sulla superficie bianca dell'albume solidificato.

Giovanni Battista Della Porta non era certo un neofita delle tecniche crittografiche e steganografiche. Filosofo naturale, alchimista e commediografo, terzo figlio di Nardo Antonio e di una patrizia della famiglia Spadafora, ricevette le basi della sua formazione culturale in casa, dove si era soliti discutere di questioni scientifiche. Dimostrò immediatamente notevoli capacità che potette sviluppare attraverso gli studi grazie alle condizioni agiate della famiglia: il padre era infatti proprietario terriero e armatore di navi.

Nel 1558 pubblicò il "Magiae naturalis sive de miraculis rerum naturalium" che trattava di scienza popolare, cosmologia, geologia, ottica, prodotti delle piante, medicine, veleni, cucina, cambiamenti chimici dei metalli, distillazione, colorazione del vetro, smalti e ceramiche, proprietà magnetiche, cosmetici, polvere da sparo, crittografia. È proprio in quest'opera che Gianbattista Della Porta menziona la tecnica steganografica dell'uovo sodo. Interessato sempre di più alla crittografia ed alle tecniche elusive della comunicazione, nel 1563 pubblicò il "De Furtivis Literarum Notis", nel quale descrisse il primo esempio di sostituzione poligrafica cifrata con accenni al concetto di sostituzione polialfabetica.

Vediamo in breve in che cosa consiste la sostituzione alfabetica per meglio comprendere l'importanza che riveste quest'opera nel far ritenere Giovanni Battista Della Porta uno dei maggiori crittografi del Rinascimento.

Iniziamo col dire che la sostituzione monoalfabetica è il nome generico di qualunque cifratura per sostituzione in cui l'alfabeto cifrante può includere simboli oltre che lettere. Per secoli, la semplice cifratura per sostituzione monoalfabetica aveva garantito la segretezza; ma lo sviluppo dell'analisi delle frequenze, prima in Arabia, poi in Europa, cancellò quella garanzia. Fino a quel momento una cifratura per sostituzione comportava la scelta di un solo alfabeto per ogni messaggio. Leon Battista Alberti propose invece di usare due o più alfabeti cifranti, e di sostituirli durante la cifratura, per confondere l'eventuale decrittatore.

La prima macchina per cifrare fu il disco cifrante inventato nel XV secolo dall'architetto italiano Leon Battista Alberti. Egli partì da due dischi di rame di cui uno di diametro leggermente maggiore rispetto all'altro. Lungo la circonferenza di ciascun disco era riportato un alfabeto. Collocando il disco più grande sul più piccolo, e infilando entrambi su di un perno, egli realizzò un congegno in grado di cifrare. I dischi erano liberi di ruotare l'uno rispetto all'altro, cosicché i due alfabeti venivano ad assumere posizioni relative differenti. Quindi, il disco cifrante poteva essere usato per crittare un messaggio col sistema di Cesare.

Per esempio, per effettuare una cifratura di Cesare con spostamento pari a uno, bastava collocare la lettera A interna in corrispondenza della B esterna; il disco interno rappresentava l'alfabeto normale, quello esterno l'alfabeto cifrante. Poi, senza spostare i dischi, si cercavano le lettere del testo in chiaro sul disco interno, una per volta; in ciascun caso, la lettera corrispondente situata sul disco esterno era quella da inserire nel crittogramma.

Pur essendo un dispositivo molto semplice, il disco cifrante ha facilitato in modo significativo la produzione di scritture segrete ed è rimasto in uso per cinque secoli.

Il funzionamento descritto fin qui è immediato e il crittogramma che ne deriva può essere decifrato con facilità, ma il disco può essere utilizzato in modo più sofisticato. L'Alberti, che lo inventò, suggeriva di cambiare l'assetto del disco durante la codifica del messaggio, realizzando in sostanza una cifratura polialfabetica, anziché monoalfabetica. L'aspetto importante di questo modo di procedere è che lo strumento che sostituisce gli elementi in chiaro con quelli in cifra cambia modo di funzionare durante la sostituzione.

Tuttavia, pur essendosi imbattuto nella più importante scoperta dell'ultimo millennio nel campo delle scritture segrete, egli non riuscì a trasformare la sua idea, appena abbozzata, in una tecnica ben definita.

Ma torniamo all'inchiostro invisibile.

Lo sviluppo tecnologico moderno ha fatto sì che anche le tecniche steganografiche relative all'utilizzo dell'inchiostro invisibile si evolvessero. Oggi esistono in commercio delle boccette di inchiostro universale invisibile adatto per timbrare carta e pelle umana. È visibile solo ai raggi U.V. ed è particolarmente usato per i "bypass" in discoteca e come anti falsificatore.

Un'altra tecnica utilizzata è quella così detta della "penna magica". Si tratta di un kit formato da due penne: una che consente la scrittura con un particolare inchiostro invisibile all'occhio umano, ed una seconda penna a raggi ultra violetti che è una normale penna a sfera che, da una parte scrive come una penna normale, dall'altra invece contiene una lampadina ad ultra violetti che permette di rendere visibile l'inchiostro invisibile.

Sembra che questa tecnica sia stata utilizzata da molti studenti nelle sessioni degli esami di maturità del 2005 i quali, prima di recarsi all'esame, avevano scritto appunti vari negli spazi vuoti dei vocabolari, sui fogli protocollo, sulle mani, addirittura sui polsini della camicia. Una volta arrivati in aula, sarebbe bastata la penna ad infrarossi per "illuminare" ciò che era stato scritto a casa e leggerlo. Spenta la penna ad infrarossi, il foglio tornava bianco.

Che dire? Un tempo c'erano i bigliettini arrotolati nelle pieghe dei vestiti o infilati nella biancheria. Alcuni "amanuensi" riempivano il vocabolario di glosse con intere versioni di latino, neanche fossero monaci benedettini. Oggi però è arrivato il kit del copione High TEK, la penna a raggi infrarossi. Un trucco a basso prezzo: meno di 20 euro per il kit completo, ma sul Web, cercando sui motori di ricerca le parole "inchiostro per infrarossi", si trova anche a meno.

Ma come funziona esattamente?

La spiegazione scientifica del fenomeno si basa sulla consapevolezza dei limiti fisiologici a cui i nostri sensi sono soggetti. È risaputo, infatti, che ciò che i nostri sensi ci restituiscono non è la vera realtà ma come la vedono loro, ossia, a volte distorta. Provate ad immergere un bastone integro per metà nell'acqua: vi sembrerà spezzato, quando invece è completamente intatto. Sono davvero tanti gli esperimenti fatti con lo scopo di studiare la percezione umana. Uno di questi consisteva nel porre un filo elettrico in cerchio e collegare ad esso tante lampadine che si accendevano e spegnevano alternativamente.

Ebbene, sino ad una certa velocità, l'occhio umano riusciva a distinguere il movimento della lampadina che si spegneva da quello della lampadina successiva che si accendeva, e così via. Al di sopra di una certa velocità, però, accelerando il processo di accendimento e spegnimento delle lampadine, l'occhio umano vedeva una realtà distorta, ossia, un unico fascio di luce che correva lungo il filo.

Per tornare a parlare dell'inchiostro invisibile moderno, dunque, la spiegazione sta nel fatto che l'occhio umano può vedere i colori con lunghezze d'onda che vanno dai 400 nm ai 700 nm. Sotto i 400 e sopra i 700 nm l'occhio umano non vede nulla.

L'inchiostro invisibile usa l'alcol come solvente e arriva a lunghezze d'onda di circa 800 nm. Le scritte diventano fluorescenti se "stimolate" da un raggio infrarosso, come quello dei puntatori laser per esempio.

2.4 Le striscioline di seta cinesi

Dobbiamo premettere che la comunicazione tra la Cina e il resto del mondo è sempre stata ridotta all'essenziale, e soltanto negli ultimi anni abbiamo potuto assistere a una svolta radicale, sebbene ciclicamente si ripresentano attività repressive del governo cinese nei confronti di chi non si allinea alla loro politica. La questione del Tibet ne è un esempio. Tutta una serie di motivi legati alla mancata libertà di comunicazione e di espressione, hanno fatto sì che la storia ci riportasse delle testimonianze interessanti per quanto concerne i metodi di comunicazione steganografica applicati in territorio cinese, ma anche tra la Cina e l'estero.

La principale tecnica adottata dai messaggeri cinesi consisteva nello scrivere il contenuto del messaggio su striscioline di seta microscopiche, appallottolarle e immergerle nella cera fino a formare delle minuscole palline: una volta seccata la cera le palline venivano inghiottite e portate a destinazione. In questo modo il messaggio, protetto dall'attacco degli agenti corrosivi prodotti dallo stomaco di chi lo ospitava, poteva arrivare a destinazione in modo del tutto insospettabile.

Non è escluso che questa tecnica venga usata ancora oggi avvalendosi di supporti di memorizzazione più avanzati come microfilm, supporti ottici, magnetici o olografici, a seconda del livello di sicurezza e riservatezza desiderati dall'ambito in cui sono richiesti. Chiaramente, al giorno d'oggi i metodi per individuare tecniche steganografiche che si avvalgono di organismi viventi come mezzo contenitore e veicolare di informazioni, sono soggetti alle innumerevoli tecnologie sviluppate dalla medicina per individuare corpi estranei e quindi potenzialmente semplici da scoprire.

Una motivazione di fondo, comunque, che spinge i cinesi ad adottare sistemi elusivi della comunicazione, dipende sostanzialmente dalle restrizioni imposte dal governo cinese per quanto riguarda l'uso della comunicazione digitale. La Cina ha una politica di controllo sui contenuti accessibili da Internet veramente restrittiva: solo grazie alla crittografia ed in particolar modo alla steganografia è possibile far arrivare qualche informazione senza che il governo cinese la censuri.

Questo che segue è solo uno dei tanti esempi.[7]

Quando le notizie cominciarono a filtrare, verso l'inizio di settembre 2002, si ebbe in un primo momento una reazione di scetticismo, che poi però si tramutò in vera e propria indignazione.

In pratica, il governo cinese impediva ai propri cittadini di utilizzare il popolarissimo motore di ricerca Google, esercitando un controllo sui vari provider nazionali di servizi Internet. La grave iniziativa sorprese non poco Nart Villeneuve, giovane studioso di informatica presso l'Università di Toronto, che da lungo tempo si interessava di tecnologia cinese e delle problematiche ad essa connesse. Il blocco di uno dei siti più popolari di Internet era questione di gran lunga più grave dell'abituale prassi cinese di limitare l'accesso ai siti Web dei gruppi dissidenti o di agenzie stampa occidentali.

Per esperienza, Villeneuve sapeva che il sistema di sicurezza informatico cinese era tutt'altro che sicuro: era pieno di "buchi" che potevano essere sfruttati in qualche modo. Fu così che in tre ore di lavoro al computer di casa creò le basi di un programma che avrebbe consentito agli utenti di Internet cinesi di accedere a Google attraverso un sito similare che aggirava il blocco.

---

[7] "Ecco come gli hacker sono riusciti ad aggirare il tentativo di Pechino di bloccare Internet" Articolo di Jennifer Lee pubblicato sul quotidiano International Herald Tribune il 11/10/2002

Il funzionamento del progetto di Villeneuve, che lui ha chiamato "pseudoproxy", è abbastanza semplice. Un utente in Cina che conosce il giusto indirizzo Web, generalmente appreso per passaparola, può visitare il sito simile a Google su computer "sbloccati" che abbiano installato il software di Villeneuve. Questi computer si collegano con i server di Google e rimandano i risultati all'utente.

Oggi in Cina il sito principale di Google non è più bloccato, ma le richieste di ricerca vengono comunque filtrate. Per fare un esempio, alla voce "Falun Gong", denominazione di un movimento spirituale dichiarato fuorilegge dal governo cinese, la ricerca stranamente non dà alcun risultato.

Ho provato invece a fare la stessa ricerca su Google qui in Italia ed il risultato è stato sorprendente: quasi 2 milioni di voci!

Il governo cinese, comunque, oggi sta prestando particolare attenzione alla steganografia digitale per il timore che i terroristi possano comunicare tra di loro inserendo messaggi all'interno di testi di grafica su Internet.

2.5 I crittoanalisti arabi

Parallelamente all'evoluzione della steganografia, che pur essendo un metodo efficace per nascondere messaggi, ha un punto debole non indifferente nel momento in cui viene scoperto, si assiste alla nascita, soprattutto nel mondo arabo, delle prime forme di crittografia e alla stesura dei primi testi a sostegno dei metodi più innovativi in grado di attaccarla.

La religione mussulmana fu predicata da Maometto dal 610 d.C.; le sue parole furono riunite nelle 114 sure del Corano, il testo sacro degli arabi. Le guerre sante arabe portarono ad un'estensione del territorio mussulmano che era governato dai califfi, uomini che dovevano custodire e proseguire l'insegnamento di Maometto. Un successivo sviluppo di tutte le arti portò anche allo studio della crittografia.[8]

Il popolo arabo fu il primo ad adottare tecniche di occultamento delle informazioni di tipo crittografico. L'obiettivo era quello di custodire in modo sicuro i dati riguardanti l'amministrazione pubblica. In questo tipo di applicazione, l'uso della steganografia ha lasciato spazio all'adozione di tecniche di scrittura cifrata.

Sappiamo che la crittografia nel mondo arabo veniva utilizzata in maniera sistematica per proteggere tutti i documenti e gli archivi fiscali, oltre che per i messaggi contenenti delicate questioni statali. In effetti, dobbiamo dire che nel corso degli anni sono stati rinvenuti numerosi scritti che lasciavano presagire l'uso di tecniche crittografiche.

Non si era però ancora arrivati a dimostrare con certezza che la crittografia in ambito amministrativo fosse un'abitudine, finché, nel 1987, non venne scoperta l'esistenza di un vero e proprio trattato sull'amministrazione, l'Adab al-Kutab (Il manuale del segretario), una cui sezione era interamente dedicata alle tecniche che dovevano essere adottate dai funzionari statali per cifrare ogni genere di atto o documento.

Per i documenti amministrativi veniva utilizzato, di solito, un alfabeto cifrante a sostituzione monoalfabetica, che consisteva nel sostituire una lettera con un'altra dell'alfabeto tramite una parola chiave.

---

[8] http://www.scruch.com/docs/manuals/crittologia.pdf

Ma la ragione per cui è importante fare riferimento agli arabi per quanto riguarda la crittografia è un'altra: non solo introdussero nuove tecniche di cifratura, ma contribuirono a renderne obsolete molte altre. Infatti, è proprio a loro che si deve la nascita della crittoanalisi, ovvero la scienza che si occupa di risalire al messaggio originale a partire dal crittogramma, pur non conoscendo la chiave di codifica o informazioni sull'algoritmo usato per occultare il messaggio.

Tutto ciò scaturiva dal fatto che le solide basi su cui poggiava la cultura islamica, unite ad un diffuso benessere nella società del tempo e all'insegnamento del Corano, spinsero molti uomini ad abbracciare la strada del sapere, il sapere multidisciplinare che in quel tempo spaziava dall'algebra alla medicina, dall'astronomia alla linguistica, fino ad arrivare alla statistica: ed è proprio qui che gli arabi furono particolarmente astuti e intravidero l'importanza della statistica in campo crittoanalitico.

Ma come riuscirono gli arabi a dar vita alla crittoanalisi?

Partirono dal presupposto che un linguaggio è formato da un alfabeto, e che a una qualsiasi lingua corrisponde una determinata distribuzione di frequenza con la quale le lettere si ripetono. Gli studiosi arabi compresero dunque che alcune tecniche crittografiche, come la sostituzione monoalfabetica, potevano essere facilmente attaccate da un'analisi di questo tipo. Individuando i simboli più frequenti nel testo cifrato e in un testo sufficientemente esteso nella lingua con cui si suppone sia stato composto il testo originale, si può procedere per sostituzione, dal simbolo più frequente a quello meno frequente, fino ad arrivare a comporre parole parzialmente comprensibili che possono essere facilmente indovinate.

La più antica descrizione di questo procedimento si deve allo studioso del IX secolo Abu Yusuf ibn Ishaq al-Kindi, noto anche come il Filosofo degli Arabi perché scrisse più di 290 opere su argomenti disparati, che lo descrisse accuratamente nel suo "Sulla decifrazione dei messaggi crittati", e al quale è stato dato il nome di "Metodo di analisi delle frequenze"; adottato per anni in tutto il mondo, è uno dei primi metodi crittoanalitici noti.

Le sue teorie sulla decifrazione di un testo cifrato possono essere così riassunte:

1. Un modo per svelare un messaggio criptato, se si conosce la lingua originale, consiste nel trovare la diversa frequenza di tutte le lettere dell'alfabeto; si chiama "prima" la lettera che compare più volte, per poi fare la stessa cosa per tutte le altre lettere.

2. Si esamina poi il testo in cifra ordinando in base alla frequenza anche i suoi simboli. Successivamente, troviamo il simbolo più comune e lo rimpiazziamo con la "prima" lettera dell'esempio in chiaro e poi anche la "seconda", e continuando così seguendo la frequenza.

Per meglio comprendere la tecnica di Al-Kindi, facciamo un esempio pratico applicato all'alfabeto italiano. Se esaminiamo un testo in lingua italiana, possiamo notare che la lettera più frequente è la "E", la seconda è la "A" e così via. Premesso ciò, si esamina poi un testo cifrato e si determina la frequenza dei caratteri che lo compongono. Se, ad esempio, il carattere più frequente è la "S", è probabile che si possa sostituire con la "E", ossia che la "S" del testo cifrato si riferisca alla "E" del testo originale in chiaro, se la seconda è la "B" è probabile che sia la "A".

2.6 Tritemio[9]

Vediamo invece ora com'era la situazione nel mondo occidentale durante il periodo del Rinascimento.

In Occidente, i monaci si dedicarono all'approfondimento della crittografia e della steganografia attraverso la ricerca di significati nascosti e brani criptati all'interno dell'Antico Testamento. Un esempio di brano criptato era l'Atbash, una tradizionale forma ebraica di cifratura per sostituzione che si basava sul principio seguente: presa una lettera si determinava la sua distanza dall'inizio dell'alfabeto e la sostituzione della lettera posta alla stessa distanza dalla fine.

Durante il Rinascimento la crittografia ebbe un notevole sviluppo in Italia. Ciò era dovuto al fatto che la penisola era divisa in entità politiche simili alle città-stato, quindi la diplomazia prosperava e tutte le corti si scambiavano ambasciate con particolari politici. Diventava così molto importante criptare i messaggi per garantirne la riservatezza. Ogni Stato, allora, si munì di "segreterie alle cifre", il cui compito era quello di criptare i messaggi in partenza e decrittare la corrispondenza in arrivo. Si diede talmente tanta importanza alla riservatezza delle comunicazioni che si arrivò al punto che ogni ambasciatore era accompagnato da un segretario cifrista.

Il primo grande decrittatore italiano fu Giovanni Saro, nominato segretario alle cifre a Venezia nel 1506. Nel resto d'Europa, grazie soprattutto al crescente numero di persone che si

---

[9] - Giovanni Tritemio, "Clavis Steganographiae", 1606.
- Giovanni Tritemio, "Steganographia", 1606.
- Simon Singh, "Codici e segreti (The Code Book)" - BUR saggi, Febbraio 2002

specializzarono nella decrittazione, ci furono serie difficoltà nel mantenere segreti i messaggi.

Si narra per esempio che molto sovente i messaggi spagnoli venissero decriptati dai francesi. Si venne così a creare una fase di transizione tra le due forze esistenti a quel tempo: crittografi e crittoanalisti. I primi ricorrevano ancora alla sostituzione monoalfabetica, mentre gli ultimi si dedicavano con crescente successo all'analisi delle frequenze.

In maniera quasi parallela al continuo ricorso alla crittografia, cui si assistette durante il Rinascimento, c'era chi invece si dedicava alla steganografia studiando le tecniche su come nascondere l'esistenza della comunicazione, piuttosto che il contenuto stesso.

L'abate tedesco Trithemius, detto anche Tritemio, nasce il primo Febbraio del 1463, conosceva l'ebraico, il latino, il greco ed era un profondo studioso dalla mente aperta e recettiva.

Nel 1479, come riportano eminenti storici, ebbe l'incontro con un Maestro dei Rosa Croce, leggendario ordine segreto fondato nel XV secolo e la cui conoscenza venne diffusa nel XVII secolo, associato con i simboli della rosa e della croce, e questo incontro gli cambiò decisamente la vita. Nel 1483, Trithemius, all'età di 20 anni, entra in un monastero benedettino di cui diviene presto Abate.

Molti lo giudicavano santo, altri un mago, sta di fatto che anche personaggi illustri come Paracelso, noto alchimista, astrologo, medico e considerato il primo erborista e farmacista della storia poiché diresse la sua ricerca verso le sostanze prodotte o ricavate dalle piante in grado di curare le malattie dell'uomo, e Cornelio Agrippa, noto medico, cabalista e filosofo, si recavano da lui per consulti e scambi di opinioni.

In seguito, fu deposto dalla carica di Abate dai suoi stessi monaci, forse esasperati dalla fama del loro Abate così attivo di cui si vociferava che avesse la mania di evocare morti illustri. Tritemio si ritirò quindi volontariamente a vivere in solitudine nell'Abbazia di San Giacomo, scrivendo numerosi manoscritti e meditando, sino al 1516 anno della sua morte.

Il forte desiderio di Tritemio era quello di lasciare al mondo in eredità tutto il suo sapere riguardante la comunicazione possibile attraverso metodi non conosciuti. Non voleva però, allo stesso tempo, che queste informazioni cadessero in mani sbagliate o, peggio ancora, fossero vittime della mannaia della censura ecclesiastica.

Nascose quindi le nozioni misteriose all'interno di manoscritti, apparentemente insignificanti, che furono però giudicati sempre troppo espliciti e che quindi subirono ugualmente delle mutilazioni da parte della Chiesa. Intorno al 1500, Tritemio scrisse dunque un trattato dal nome "Steganographia" e vi incluse messaggi cifrati dal sapore burlesco, senza che nessuno ne fiutasse neppure l'odore.

La versione bruciata dalla Chiesa si dice contenesse il segreto per comunicare a distanza senza utilizzare i metodi tradizionali dell'epoca, messaggeri o lettere, oltre che i codici cifrati ancora oggi consultabili anche se di difficile comprensione.

"Steganographia" fu pubblicato per la prima volta nel 1606 a Francoforte, e prima di quella data il testo era stato tramandato attraverso copie scritte a mano. Se si pensa a probabili cattive trascrizioni o errate letture del testo originale, si può supporre che ciò che è giunto sino a noi oggi possa non essere un testo perfettamente conforme a quello originale.

Nei primi due libri Tritemio illustra varie tecniche steganografiche elementari, suggerendo ad esempio di considerare ciascuna lettera iniziale di una parola del messaggio segreto e di costruire in tal modo una frase di senso compiuto. Trithemius apre poi il terzo libro della "Steganographia" in modo sconcertante:

promette di condurre il lettore a inviare messaggi a qualunque distanza senza ausilio di testi scritti, oggetti, segnali o messaggeri.

A tal proposito, allega tavole di numeri che permetterebbero di stabilire un contatto diretto nientemeno che con gli angeli, o meglio, con ventotto "intelligenze planetarie": quattro per ogni pianeta allora conosciuto.

Ovviamente l'opera fu messa all'indice. Ma spieghiamo meglio cosa voleva dire all'epoca mettere un'opera libraria "all'indice".

L'Indice dei libri proibiti (*Index librorum prohibitorum*) fu istituito nel 1559 dalla Santa Congregazione dell'Inquisizione Romana, sotto il papato di Gian Pietro Carafa, in altre parole Paolo IV, un papa considerato spietato e sanguinario a cui si deve, tra l'altro, l'istituzione del ghetto ebraico di Roma.

Vi primeggiavano per esempio il *Decameron* di Giovanni Boccaccio e il *Il Principe* di Niccolò Machiavelli. Lo scopo preciso dell'indice era quello di ostacolare la possibile contaminazione della fede e la corruzione morale attraverso la lettura di scritti il cui contenuto veniva considerato dall'autorità ecclesiastica non corretto sul piano strettamente teologico se non addirittura immorale. Esso conteneva quindi l'elenco dei libri considerati pericolosi dall'autorità ecclesiastica per la fede e la morale dei cattolici.

L'opera di Tritemio, quindi, fu annoverata tra essi, anche se, intanto, si infoltivano le schiere di astrologi, cabalisti, occultisti e rosacrociani vari, tutti seguaci, e vittime ignare, di Trithemius. Per la verità nel 1676 Wolfgang Ernst Heidel aveva già scoperto il segreto della "Steganographia" ma, vivendo in un'epoca in cui non si regalava niente, ne aveva pubblicato la soluzione, dietro lauto pagamento, codificandola a sua volta.

Per secoli gli studiosi hanno discusso sulla possibilità che in questo volume non vi fosse alcun codice cifrato, ma venissero invece rappresentate operazioni alchemiche di interesse per gli occultisti. Eppure la prefazione del libro annuncia in modo provocatorio, anche se oscuro, la presenza di un messaggio nascosto. Il dilemma è stato risolto nel marzo del 1998 da Jim Reeds della AT&T Labs. In realtà, Thomas Ernst, un professore di tedesco, aveva già risolto il problema, o almeno parte di esso, alcuni anni prima quando era ancora studente. Ernst descrisse la sua soluzione in un articolo apparso in tedesco sulla rivista olandese "Daphnis" nel 1996, ma evidentemente non riscosse la dovuta attenzione. Con ingegno e perseveranza, Ernst e Reeds sono riusciti a scoprire la chiave nascosta e a rivelare il messaggio.

Si tratta, invero, di un testo abbastanza confuso, come se alcune parti fossero andate perse; quello che rimane è formato da frasi comuni in latino e tedesco delle quali, per esempio, una suona più o meno così: "*Lo scrittore del presente testo è un imbroglione e ladro: guardati da lui*". Ciò che è interessante, e qui subentra la steganografia, è che il testo in questione è nascosto all'interno di un documento che ha un contenuto di informazione del tutto diverso dal primo. Peraltro il contenuto astrologico è stato preso sul serio da molti, tanto che alcuni siti su Internet dedicati al soprannaturale contengono interpretazioni occultistiche del terzo libro della "Steganographia".

STEGANOGRAPHIA
Hoc est:

ARS PER OC-
CVLTAM SCRI-
PTVRAM ANIMI SVI VO-
LVNTATEM ABSENTIBVS
aperiendi certa;
AVTHORE
REVERENDISSIMO ET CLARISSIMO VIRO,
JOANNE TRITHEMIO, Abbate Spanhaimensi, &
Magiæ Naturalis Magistro per-
fectissimo.
PRÆFIXA EST HVIC OPERI SVA CLAVIS, SEV
vera introductio ab ipso Authore concinnata;
HACTENVS QVIDEM A MVLTIS MVLTVM DESI-
derata, sed à paucissimis visa:
Nunc vero in gratiam secretioris Philosophiæ Studiosorum
publici iuris facta
Cum Privilegio & consensu Superiorum.

FRANCOFVRTI,
Ex Officina Typographica MATTHIÆ BECKERI
IOANNIS BERNERI
Anno M. DC. VI.

Foto 2.6.1

Pagina principale dell'opera "Steganographia" di Tritemio

(immagine di pubblico dominio)

Un altro testo scritto da Tritemio che si occupa di comunicazione celata, e pubblicato anch'esso postumo nel 1606, è "Clavis steganographiae". Anche in questo, come in Steganographia, si dedica allo studio e all'esposizione di tecniche di occultamento delle informazioni.

I testi completi delle due opere di Tritemio possono essere scaricati dal sito http://www.pazuzu.it/tritemio/.

CLAVIS STEGANOGRA-PHIAE IOANNIS TRITHEMII ABBATIS SPANHEIMENSIS.

AD SERENISSIMVM PRINCI-
pem Dn. Philippum, Comitem Pala-
tinum Rheni, Ducem Bauariæ,
Imperij Electorem.

VENUNDATUR
Apud Ioannem Bernerum, Bibliopolam
Francofurtensem, Anno 1606
Cum Privilegio & consensu Superiorum.

Foto 2.6.2

Pagina principale dell'opera "Clavis Steganographiae" di
Tritemio

(immagine di pubblico dominio)

Ma in cosa consisteva di preciso l'idea di Tritemio?

Supponiamo per un istante di voler mandare un messaggio ad un nostro amico di nome Paolo e vogliamo avvertirlo di non fidarsi di un certo Ugo. Abbiamo però timore che Ugo legga tutta la nostra corrispondenza e quindi, usando la steganografia, scriviamo il seguente testo: "*Nonostante oggi non faccia irrimediabilmente, drasticamente ancora ribrezzo trasformarsi in docile iena, un giorno osservai...*". Paolo, per leggere il messaggio originale che noi gli volevamo mandare, non dovrà far altro che leggere tutte le iniziali delle parole e comporre il testo nascosto: "*Non fidarti di Ugo...*".

Questo è solo l'esempio più semplice di tutti gli schemi proposti da Tritemio, che elaborò addirittura 40 sistemi principali e 10 sottosistemi secondari, sfruttando non solo varie combinazioni di acronimi, ma anche usando dei dischi rotanti basati sulla sostituzione mono-alfabetica di Cesare. In questa cifratura il posto di ogni lettera del messaggio è preso dalla lettera che si trova ad una distanza di x posti nell'alfabeto ordinario, dove x, nel caso dell'alfabeto completo di 26 lettere, è un numero compreso tra 1 e 25.

L'idea fondamentale di Tritemio era dunque quella di nascondere un testo segreto dentro un messaggio che funzionasse come copertura, senza quindi ricorrere a sistemi fisici come ad esempio la rasatura di capelli ma sfruttando invece abili artifizi matematici e letterari. A meno di non sapere il sistema usato per nascondere il testo, era dunque praticamente impossibile riuscire a estrarre il significato reale del messaggio.

Unico inconveniente: il mittente ed il destinatario dovevano avere entrambi il libro di Tritemio per poter conoscere il sistema steganografico usato.

Foto 2.6.3

Il disco di Tritemio

(immagine di pubblico dominio)

Ancora oggi la figura di Tritemio è strettamente legata al concetto di steganografia, nonostante ci siano state molte altre persone ad elaborare sistemi steganografici forse molto più efficaci di quelli di Tritemio.

Perché?

A Tritemio si deve la nascita della steganografia come concetto a sé stante. Prima di allora era considerata, insieme alla crittografia, un elemento facente parte dei sistemi di scrittura occulta. Tritemio, invece, gli ha dato un nome e, cosa molto importante, ne ha disgiunto il concetto dalla crittografia, sistema a cui era legato sino a quell'epoca.

Concludiamo questo paragrafo dedicato a Tritemio con la sua famosa preghiera in cui, preoccupato delle possibili applicazioni della tecnica da lui perfezionata, rimetteva nelle mani di Dio la protezione del suo potente e occulto mezzo di comunicazione da un uso sconsiderato.

"*O Lettore, chiunque tu sia, ti prego e scongiuro, nel Santo nome di Iahwè, per il Sangue di Nostro Signore Gesù Cristo, Salvatore delle nostre anime, che il segreto di questa scrittura non sia rivelato a persone ignoranti perfide spudorate lascive e maligne, che la usino indegnamente. Se fosse scoperto il senso riposto, molti mali ne deriverebbero: adulteri, fornicazioni, cospirazioni, omicidi e tradimenti.*

L'uomo probo ed onesto può e deve servirsene per esprimere, in modo sicuro ed insospettabile, il suo segreto volere, quando lo ritiene necessario per l'utile pubblico o privato; invece il disonesto ed impudico, accecato da passione carnale, se ne servirebbe solo per comunicare con l'amante, travolta dalla stessa infame passione, e fissare i luoghi, la data ed i termini dei loro convegni, attraverso parole innocenti, pudiche e sante.

Non esisterà più rispetto e lealtà tra i coniugi se la donna, impudica, potrà facilmente, senza destare alcun sospetto, leggere attraverso sante e nobilissime parole, lodate dallo stesso marito, il turpe capriccio del suo drudo e l'amante, con linguaggio simulato, potrà comunicare alla donna, ciò che brama, al cospetto del marito, anzi tramite lui stesso.

Questa scrittura crittografica, divulgata poi in campo politico, sconvolgerebbe ogni ordine: lo Stato perderebbe ogni garanzia e credito; tutto: documenti, carte, scritture, le parole stesse sarebbero gravate da sospetto.

Nessuno crederebbe più agli scritti anche se nobili e santi né avrebbe più fiducia alcuna nelle lettere, le parole, anche le più innocue e sante, sarebbero sospettate e tutti diverrebbero timidi e perplessi nel conversare e nello scrivere.

Se qualcuno mi obiettasse: dicendomi: "se volevi che codesta tua scrittura rimanesse segreta, perché l'hai scritta?", ecco la risposta:

"non ho né voluto, né potuto tenerla celata ad un ottimo principe, che, ad ogni occasione, potrà liberare i suoi devoti (anche io mi annovero tra questi) da molti pericoli e potrà far conoscere la sua volontà, in modo segreto, senza il timore che il suo nemico possa decifrarla".

2.7 Le griglie di Cardano[10]

Girolamo Cardano era un famoso e geniale personaggio del Rinascimento italiano: matematico, medico, astrologo e gran giocatore d'azzardo. Nasce a Pavia nel 1501, figlio illegittimo di Fazio Cardano, un avvocato versato nella matematica e amico di Leonardo da Vinci, e della ben più giovane vedova Chiara Micheria. In gioventù lavora presso il padre che lo avvia allo studio della matematica. Nel 1520 si iscrive prima all'Università di Pavia e successivamente a quella di Padova per studiare medicina.

I suoi atteggiamenti eccentrici ed arroganti cominciano a procurargli molti nemici e alla fine degli studi gli rendono difficile trovare lavoro. Cardano si adopera comunque per farsi una buona reputazione come medico, riuscendo ad essere molto apprezzato da varie corti. Pensate che fu il primo medico a descrivere la febbre tifoidea.

Cardano era un personaggio poliedrico, con un'innata predisposizione per le scienze matematiche con implicazioni

---

[10] - Simon Singh, "Codici e segreti (The Code Book)" – BUR saggi, Febbraio 2002
- "Steganografia origini, tecniche e prospettive" – Articolo di Roberto Campesato, Andrea Sottoriva Versione 0.7, 05 Febbraio, 2005 (http://www.metalabs.org/hifi/docs/steganografia.ps)
- www.dia.unisa.it

tecnologiche e pratiche. Molto importanti sono inoltre i suoi contributi all'algebra. Ha pubblicato, per esempio, le soluzioni dell'equazione cubica e dell'equazione quartica nella sua maggiore opera matematica intitolato "Ars magna" stampata nel 1545. Nei suoi sviluppi delle soluzioni, Cardano, occasionalmente, si serve dei numeri complessi. Ha spesso problemi di denaro, e per cavarsela si dedica ai giochi d'azzardo e al gioco degli scacchi. Scrive anche nel 1560 un libro sui giochi di alea, il "Liber de ludo aleae", testo che però viene pubblicato solo nel 1663; esso contiene la prima trattazione sistematica delle probabilità, insieme ad una sezione dedicata a metodi per barare efficacemente.

Girolamo Cardano, noto anche come mago e pericoloso truffatore, nella sua bellissima autobiografia cita:" Sono *incline a ogni tipo di eccesso e al male ma, a parte l'ambizione, sono pronto a riconoscere le mie incapacità*".

Di lui scrive lo storico della matematica Morris Kline: "*La sua carriera di furfante e di studioso è una delle più affascinanti fra tutte le fantastiche carriere degli uomini del Rinascimento*".

Oggi Cardano è noto soprattutto per aver progettato svariati meccanismi, tra i quali la serratura a combinazione, la sospensione cardanica consistente in tre anelli concentrici che possono fare da supporto a una bussola o a un giroscopio che possono ruotare liberamente, il giunto cardanico, dispositivo che consente di trasmettere un moto rotatorio da un asse ad un altro di diversa angolatura e viene tuttora usato sulle nostre autovetture.

Ha fornito inoltre svariati contributi all'idrodinamica sostenendo l'impossibilità del moto perpetuo, con l'eccezione dei corpi celesti. Ha pubblicato anche due opere enciclopediche di scienze naturali che contengono un'ampia varietà di invenzioni, fatti ed enunciati afferenti all'occultismo e alla superstizione.

Davvero un personaggio con tantissimi interessi e notevoli capacità cognitive.

Ed arriviamo ora alla parte che maggiormente c'interessa.

Nel 1550 si occupa di steganografia introducendo le famose griglie di Cardano. Esse consistevano in fogli di materiale rigido nei quali venivano ritagliati fori rettangolari a intervalli irregolari; applicando la griglia sopra un foglio di carta bianca, il messaggio segreto veniva scritto nei buchi (ciascun buco poteva contenere una o più lettere), dopodiché si toglieva la griglia e si cercava di completare la scrittura del resto del foglio in modo da ottenere un messaggio di senso compiuto, il quale poi veniva inviato a destinazione. Applicando sul foglio una copia esatta della griglia originaria era possibile leggere il messaggio nascosto.

Una curiosità: la stessa griglia, nella forma più semplice, con buchi che evidenziano una lettera o una parola sì e una no, battezzata "codice Bibbia", è stata usata per rivelare ipotetici "messaggi nascosti" nella Bibbia.

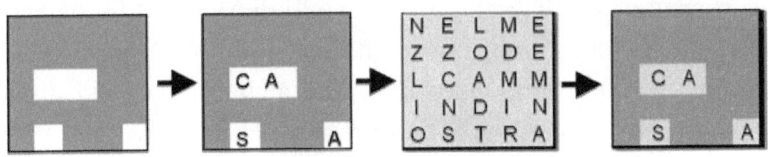

Foto 2.7.1

Esempio di utilizzo delle griglie di Cardano
(immagine di pubblico dominio)

Nel 1570 Cardano venne accusato di eresia per aver elaborato e pubblicato nel 1554 un oroscopo di Gesù. Venne arrestato, tenuto in carcere per parecchi mesi e costretto ad abiurare e ad abbandonare la cattedra occupata all'Università di Bologna.

Questo lo indusse a trasferirsi a Roma dove, dopo un rifiuto dal Papa Pio VI, riuscì a convincere Papa Gregorio XIII ad ottenere un vitalizio. Qui terminò la sua autobiografia e subito dopo morì. Corre voce che egli avesse predetto con un procedimento astrologico la data della propria morte.

2.8 La corrispondenza cifrata di Maria Stuart e la sua tecnica steganografica[11]

Dobbiamo premettere che storicamente le lotte intestine nell'Inghilterra del XVI secolo tra le cugine Elisabetta Tudor e Maria Stuart, detta Stuarda, non erano scatenate solo da motivi religiosi ma c'era dell'altro. Infatti, Maria vantava qualche pretesa alla successione al trono d'Inghilterra, basata sul fatto che Enrico VIII, prima di morire, avesse designato gli Stuart ad ereditare il regno qualora si fosse esaurito il ramo dei Tudor (il che puntualmente avvenne, alla morte di Elisabetta, con l'incoronazione di Giacomo, primogenito di Maria). Elisabetta, dal canto suo, che era di religione anglicana, si dimostrò quasi sempre tollerante nei confronti della cugina Maria che invece era cattolica. Uno dei motivi sostanziali è da ricercare nel fatto che non voleva che il proprio nome restasse legato a una soluzione brutale di quello che molti, già allora, giudicavano un conflitto di religione.

Elisabetta decise allora di firmare la sua condanna a morte solo quando ebbe prove schiaccianti di un fallito complotto. Maria Stuart salì sul patibolo l'8 febbraio 1587, nel castello di Fotheringay. Con lei finiva il cattolicesimo in Inghilterra.

---

[11] . Simon Singh, "Codici e segreti (The Code Book)" - BUR saggi, Febbraio 2002

Ma facciamo un passo indietro ed entriamo nei retroscena della corrispondenza cifrata di Maria Stuart e dell'originale tecnica steganografica utilizzata, così com'è brillantemente raccontata dallo scrittore Singh Simon nel suo libro "The Code book".

Mercoledì 15 ottobre 1586. E' mattina. Maria Stuart entra nell'affollata aula di giustizia del castello di Fotheringhay. Anni di prigionia e l'insorgere di una malattia reumatica hanno lasciato il segno. Essa però è dignitosa, composta e incontestabilmente regale. Scortata dal medico personale oltrepassa magistrati, dignitari e curiosi e si dirige verso il trono, posto circa a metà del locale lungo e stretto. Il trono non è per lei però, esso simboleggia l'assente Elisabetta, sua nemica e persecutrice. Gentilmente la spingono verso il fondo della sala, dove una poltroncina di velluto color cremisi è il modesto sedile riservato all'imputata.

Maria, regina di Scozia, è accusata di alto tradimento. Avrebbe partecipato ad un complotto mirante a sopprimere Elisabetta e a sostituirla sul trono di Inghilterra. Il Segretario di Stato, Sir Francis Walsingham, ha già arrestato i cospiratori e, dopo averli costretti a confessare, li ha consegnati al boia. Ora intende dimostrare che anche la Stuart merita la morte, giacché era al corrente della congiura e vi ha partecipato attivamente. Walsingham sa bene che Elisabetta non firmerà la condanna se non sarà certa della colpevolezza della Stuart. Pur temendo ed avendo in antipatia la rivale infatti non è per nulla ansiosa di consegnarla al carnefice. In primo luogo Maria è legittima regina di Scozia e non pochi dubitano che un tribunale inglese abbia il potere di mandare a morte un monarca straniero. In secondo luogo si potrebbe creare un pericoloso precedente. Se uno Stato si arroga il diritto di giustiziare un monarca, i capi di una futura rivolta non avranno certamente scrupolo a fare lo stesso ed Elisabetta ha ancora molti nemici. In terzo luogo l'imputata e la regina d'Inghilterra sono cugine, quindi legate da un vincolo stretto abbastanza da accrescere le apprensioni. In breve Elisabetta non autorizzerà l'esecuzione di Maria, salvo che Walsingham non abbia fugato ogni dubbio riguardo la sua partecipazione alla congiura.

I cospiratori erano nobili cattolici decisi a sbarazzarsi della protestante Elisabetta per insediare sul trono un sovrano della loro fede. Non v'era dubbio sul fatto che essi considerassero la Stuart il loro principale riferimento politico. Questo non significa però che le loro trame abbiano avuto la sua benedizione. In realtà l'hanno avuta e per Walsingham la sfida sta nel dimostrarlo. Egli deve procurarsi prove inconfutabili che colleghino la regina di Scozia ai congiurati che già ha fatto condannare. Il mattino del primo giorno del processo Maria siede sola sul banco degli imputati, luttuosamente vestita di nero. Nei processi per tradimento la legge britannica non consente all'imputato di farsi assistere, né di convocare testimoni a propria discolpa. La situazione di Maria parrebbe così disperata, ma non lo è. Essa ha avuto cura di cifrare tutta la corrispondenza che ha scambiato con i congiurati. Sulle lettere al posto di parole e frasi essa ha vergato simboli privi in apparenza di significato. Anche nel caso che Walsingham fosse venuto in possesso di alcune di quei messaggi non avrebbe potuto penetrarne il significato e gli sarebbero stati del tutto inutili. Questo però a condizione che la cifratura avesse resistito. Purtroppo per Maria Walsingham non è solo il Segretario di Stato ma anche, come diremmo oggi, il capo del controspionaggio. Appena visti alcuni di quei messaggi egli subito capisce chi può riuscire a volgerli in chiaro. Questi è Thomas Phelippes, il miglior decrittatore di Inghilterra. Da anni egli è riuscito a venire a capo dei crittogrammi scambiati tra i nemici della Corona. Se riuscirà a violare la corrispondenza tra Maria e i cospiratori la sorte della regina sarà segnata. Al contrario, se la cifratura resisterà, essa avrà salva la vita. Non è la prima volta che l'inviolabilità di un crittogramma decide di una vita umana. Gli eventi che avevano mosso la congiura *contro Elisabetta erano iniziati oltre quarant'anni prima, allorché il 24 novembre 1542 l'esercito inglese di Enrico VIII aveva sbaragliato le truppe scozzesi nella battaglia di Solway Moss. Enrico era dunque ad un passo dall'impadronirsi del regno del padre di Maria, re Giacomo V. Dopo la battaglia quest'ultimo era caduto in uno stato di profonda prostrazione fisica e mentale che lo aveva costretto a ritirarsi nel castello di Falkland. Giacomo visse solo il tempo necessario per vedere, prima di morire a soli trent'anni, la nascita della figlia Maria. La bambina era nata prematura e si era temuto non potesse sopravvivere. In Inghilterra poi si era sparsa la voce che essa fosse morta, un desiderio scambiato per realtà dalla corte dei Tudor, ben felice nell'apprendere di ogni evento in grado di destabilizzare ulteriormente la Scozia. Maria però era sopravvissuta e il 9 settembre 1543, all'età di nove mesi, era stata incoronata regina nella cappella del castello di Stirling, circondata da tre conti che portavano in sua vece la corona reale, lo scettro e la spada. La giovane età della sovrana aveva fruttato una pausa nelle ostilità contro l'Inghilterra in quanto per la mentalità di quei tempi sarebbe parso indegno di un gentiluomo il fatto che Enrico VIII invadesse le terre di una neonata orfana del padre. Decidendo per una tattica completamente diversa Enrico aveva così chiesto la mano di Maria per il proprio figlio Edoardo, contando sul fatto che ciò avrebbe portato all'unione delle due nazioni sotto il regno di un Tudor. Per favorire una soluzione 'pacifica' aveva anzi deciso di liberare tutti i nobili scozzesi catturati a Solwey Moss, contando sul fatto che essi avrebbero dato il loro assenso al matrimonio. Anche se la proposta di Enrico era stata presa in considerazione per qualche tempo, la nobiltà scozzese alla fine aveva scelto fidanzare Maria con Francesco, il delfino di Francia. La decisione di allearsi con un'altra nazione cattolica andava incontro tra l'altro ai desideri della madre della regina, Maria di Guisa, la quale si era unita in matrimonio con Giacomo V proprio per cementare l'amicizia tra Scozia e Francia. Anche se*

Francesco e Maria erano ancora bambini il progetto del loro matrimonio aveva il valore di un vero e proprio trattato di alleanza tra Scozia e Francia, la quale si era impegnata sin da subito ad intervenire in difesa della prima se questa fosse stata aggredita dall'Inghilterra. Questa alleanza tra nazioni cattoliche non era però affatto piaciuta ad Enrico, il quale era passato dalle buone alle cattive maniere. Le sue forze di terra e di mare avevano così cominciato a compiere atti di pirateria, a devastare campi e ad assalire paesi e città. Questa situazione era continuata anche dopo la morte di Enrico, avvenuta nel 1547, culminando alla fine nella battaglia di Pinkie Cleugh, nella quale le forze di Edoardo VI, successore di Enrico, avevano inflitto agli scozzesi una disastrosa sconfitta. Dopo questo funesto evento era stato deciso che Maria, per il suo stesso bene, si trasferisse di là della Manica, dove avrebbe potuto prepararsi al matrimonio con Francesco al sicuro dalle truppe inglesi. Il 7 agosto 1548, all'età di sei anni, la regina di Scozia era salita così su un veliero diretto al porto russo di Roscoff.

Allorché Francesco e Maria ebbero compiuti i 16 anni, i due giovani erano stati uniti in matrimonio e l'anno successivo erano divenuti il re e la regina di Francia. Tutto sembrava assicurare quanto prima il trionfale ritorno di Maria in Scozia allorché Francesco, da sempre cagionevole di salute, si era gravemente ammalato. Un'infezione all'orecchio contratta anni prima e mai completamente guarita era peggiorata all'improvviso, aveva raggiunto il cervello e vi aveva formato un ascesso. Nel 1560, un anno dopo l'incoronazione, Francesco era morto e Maria era rimasta vedova. Tornata l'anno dopo nel suo paese natale, Maria aveva scoperto che era profondamente cambiato. Molti sudditi si erano convertiti al protestantesimo. Dapprima Maria aveva rispettato i sentimenti della maggioranza ed aveva regnato con successo. Quando però nel 1565 si era unita in matrimonio con Enrico Stuart, conte di Darnley, era iniziato un periodo nefasto dal quale era stata incapace di uscire. Violento e immorale e roso dalla sete di potere, il conte di Darnley aveva finito con l'alienarsi la consorte e le simpatie dell'aristocrazia il giorno che aveva ucciso strangolandolo il proprio segretario Davide Riccio. Questa ed altre intemperanze avevano dimostrato che, per il bene della Scozia, era necessario disfarsi del conte di Darnley. Non è chiaro se dietro la congiura ci sia stata Maria, la nobiltà scozzese o entrambi. Sta di fatto che il 9 febbraio 1567 la residenza del conte aveva preso fuoco ed egli era stato strangolato mentre cercava di mettersi in salvo. Dal quel matrimonio Maria aveva avuto un figlio, il futuro re di Scozia, che era stato battezzato con lo stesso nome del nonno, Giacomo. Un terzo matrimonio aveva unito Maria con Giacomo Hepburn. Conte di Bothwell, e non era stato più fortunato dei precedenti. Nell'estate del 1567 gli aristocratici scozzesi di fede protestante si erano convinti che una pacifica convivenza con una regina cattolica non era più possibile e così avevano esiliato Bothwell ed imprigionato Maria, costringendola ad abdicare in favore del figlio. Giacomo VI però aveva solo pochi mesi e così si era dovuto nominare un reggente e la scelta era caduta sul conte di Moray, fratellastro di Maria. L'anno successivo Maria aveva raccolto un esercito di seimila uomini ed aveva tentato di riprendersi il trono. Il suo esercito e quello del reggente si erano scontrati presso il villaggio di Langside, vicino a Glasgow. Benché i suoi fossero più numerosi, essi mancavano di disciplina e il nemico aprì una breccia nel loro schieramento. Una volta compreso che la battaglia era perduta, Maria aveva lasciato la Scozia e si era decisa a varcare il confine con l'Inghilterra chiedendo ospitalità ad Elisabetta, che era sua cugina. Il risultato ottenuto in realtà era stato quello di passare da una prigione ad un'altra. La ragione ufficiale del dissidio tra Maria ed Elisabetta era il presunto coinvolgimento di lei nell'assassinio del conte di Darnley, in realtà era politica e dinastica. Maria rappresentava un pericolo per Elisabetta in quanto i cattolici inglesi la consideravano la vera regina. Essendo Margherita Tudor, sorella maggiore di Enrico VIII, sua nonna,

Maria vantava diritti sul trono d'Inghilterra. I diritti di Elisabetta, ultima discendente diretta di Enrico, in teoria erano prevalenti ma per i cattolici Elisabetta era figlia illegittima di Enrico, essendo nata da quella Anna Boleyn che il re, ancora unito a Caterina d'Aragona, aveva sposato sfidando il pontefice. Non riconoscendo il divorzio di Enrico VIII, i cattolici non potevano che considerare nulle le sue nozze successive e illegale l'incoronazione di Elisabetta. Maria era stata così confinata i una serie di castelli e tenute, sempre sorvegliata ad occhio e trattata con durezza da colui che Elisabetta aveva designato suo carceriere, il 'puritano' Sir Amyas Paulet. Nel 1586, dopo diciotto anni di prigionia, la sua salute era notevolmente peggiorata senza che i modi con i quali la trattavano fossero migliorati. Una volta chiusa nel castello di Chartley Hall, nello Staffordshire, non le era stato più concesso neppure di potersi recare alle terme di Buxton per curare i suoi acciacchi. L'unico sollievo alla tristezza erano le notizie del figlio, il diciannovenne Giacomo VI di Scozia, che non aveva più rivisto da quando aveva un anno. Per il resto però era più isolata che mai. Tutta la posta in partenza, come pure quella in arrivo, era controllata dal suo carceriere. Era avvenuto in questa situazione opprimente e senza speranze che inaspettatamente, il 6 gennaio 1586, aveva ricevuto alcune lettere. Le missive provenivano da suoi sostenitori sul continente e le erano state recapitate di nascosto da Gilbert Gifford, un cattolico che aveva lasciato l'Inghilterra nel 1577 per frequentare un collegio sacerdotale a Roma. Tornato in Inghilterra nel 1585 si era messo subito al servizio della Stuart e aveva contattato l'ambasciata francese a Londra, dove si era accumulata copiosa corrispondenza. All'ambasciata ci si era subito resi conto che, se questa fosse stata inoltrata per le normali vie di distribuzione, Maria non l'avrebbe mai ricevuta. La proposta di Gifford di contrabbandare le missive a Chartley Hall era stata quindi accolta con entusiasmo. Gifford era divenuto così corriere a tempo pieno, non limitandosi a consegnare a Maria le lettere a lei indirizzate, ma prendendo altresì in consegna le risposte. Il sistema steganografico escogitato per eludere i controlli era astuto. Le lettere erano portate ad un birraio locale, che le infilava in un involucro di pelle. Quest'ultimo veniva inserito in uno zipolo cavo e lo zipolo era usato per chiudere una botte di birra. Il birraio portava quindi la botte a Chartley Hall, dove un fidato uomo di Maria controllava i tappi e consegnava alla padrona l'eventuale contenuto. Lo stesso sistema si prestava altrettanto bene a far uscire dal castello le lettere scritte dalla Stuart. Nel frattempo, senza che Maria ne fosse al corrente, un piano per la sua liberazione prendeva forma nelle taverne di Londra. Al centro della trama vi era Anthony Babington, un gentiluomo di soli 24 anni già ben noto in città come bon vivant affascinante e arguto. Quello che molti suoi conoscenti non immaginavano era la profondità del suo risentimento verso un potere, quello protestante, che aveva perseguitato lui, la sua famiglia e la sua fede. La politica anticattolica dell'Inghilterra di allora aveva in verità assunto aspetti raccapriccianti. Molti preti erano stati accusati di tradimento e i laici che avevano tentato di proteggerli erano stati torturati, mutilati o sbudellati. Moltissimi cattolici erano stati messi al bando e le loro famiglie vessate dal fisco. L'odio di Babington era legato in particolare alla morte del bisnonno, Lord Darcy, decapitato perché sospettato di essere stato complice del 'pellegrinaggio di Grazia', una sommossa cattolica ordita contro Enrico VIII nel 1536. La cospirazione aveva avuto inizio una sera di marzo, allorché Babington e sei suoi accoliti si erano riuniti al The Plough, una locanda fuori Temple Bar. Come ha osservato lo storico Philip Caraman : '... con la forza del suo fascino e della sua energica personalità egli attirò dalla sua parte molti giovani cattolici del suo ceto, valorosi e disposti a correre grandi rischi per soccorrere la loro religione nel momento del bisogno. Essi erano disposti a tutto per difendere il cattolicesimo, loro causa comune...'. In pochi mesi aveva preso consistenza un piano ambizioso che prevedeva la liberazione della Stuart, l'uccisione di Elisabetta I e una ribellione che avrebbe avuto l'appoggio di una potenza straniera. *I congiurati avevano giudicato che il loro piano, passato poi alla storia come la 'congiura di Babington', fosse irrealizzabile senza l'approvazione della regina di Scozia. Essi però non sapevano come informarla. Era stato a questo punto che Gifford si era presentato alla residenza di Babington. Portava un messaggio di Maria nel quale lei spiegava di aver sentito parlare del giovane aristocratico da suoi sostenitori a Parigi e di attendere con ansia sue notizie. Babington le aveva risposto in modo dettagliato descrivendo il suo piano e menzionando la scomunica di Elisabetta decretata nel 1570 da papa Pio V, scomunica che a suo avviso legittimava il regicidio. Io stesso con dieci gentiluomini e un centinaio di sostenitori mi incaricherò di sottrarre la vostra regale persona dalle mani dei nemici. Per disfarci dell'usurpatrice, verso la quale in virtù della scomunica siamo esonerati dal dovere dell'ubbidienza, ci sono sei gentiluomini, tutti miei amici fidati, che per devozione alla causa cattolica e al servizio di Vostra Maestà compiranno la tragica esecuzione. Come già in precedenza Gifford era ricorso all'espediente di nascondere il messaggio nello zipolo di una botte di birra. Per maggiore sicurezza tuttavia era stata aggiunta la cifratura del messaggio, di modo che anche nel caso i carcerieri avessero trovato il messaggio il suo contenuto e la stessa congiura sarebbero stati occultati. Il metodo crittografico impiegato non era una classica sostituzione monoalfabetica ma un nomenclatore composto da un alfabeto cifrante e da un codice. Esso faceva uso di 23 simboli da sostituire alle lettere dell'alfabeto in chiaro [escluso le lettere j, v e w] e di 35 simboli che rappresentavano parole o frasi. V'erano inoltre quattro 'nulli' e un simbolo che indicava che il simbolo seguente stava per una lettera doppia. Gifford era ancora più giovane di Babington, tuttavia aveva effettuato tutte le consegne con abilità e sicurezza. Grazie all'uso di alcuni pseudonimi come 'Mr. Colerdin', 'Pietro' e 'Cornelys', aveva percorso il paese senza destare sospetti. I rapporti con la comunità cattolica inoltre gli avevano permesso di utilizzare una* serie di rifugi tra Londra e Chartley Hall. Aveva anche avuto l'accortezza di effettuare in ogni viaggio un percorso differente. In realtà però Gifford, mentre si comportava come agente al servizio di Maria, faceva il doppio gioco. Nel 1585, ancora prima di tornare in Inghilterra, egli aveva scritto a Sir Francis Walsingham mettendosi a sua disposizione. Egli sapeva bene che un retroterra cattolico era il migliore lasciapassare per chi voleva infiltrarsi in ambienti ostili ad Elisabetta. In una lettera a Walsingham aveva scritto chiaro e tondo: '... ho sentito parlare del vostro lavoro e voglio mettermi al vostro servizio. Non ho scrupoli né timore dei pericoli. Quello che mi ordinerete di fare lo porterò a termine...'. Tra i ministri di Elisabetta Walsingham era il più spregiudicato. Personalità machiavellica era preposto alla raccolta delle informazioni relative alla sicurezza dello stato e dell'incolumità del sovrano. Aveva ereditato dai predecessori una piccola rete spionistica e si era affrettato ad ampliarla soprattutto sul continente, dove vi erano le basi operative di molte trame contro l'Inghilterra. Come si è scoperto dopo la sua morte egli riceveva regolari rapporti da dodici località in Francia, nove in Germania, quattro in Italia, quattro in Spagna e tre nei Paesi Bassi. Disponeva inoltre di agenti a Costantinopoli, Algeri e Tripoli. La proposta di collaborazione del giovane Gifford era stata accettata. Per ordine di Walsingham egli si era recato all'ambasciata francese e si era offerto come corriere. Così ogni volta che egli doveva recapitare un messaggio da o per Maria il primo a leggerlo era il suo superiore. Walsingham a quel punto passava il messaggio ai falsari, i quali rompevano il sigillo, riproducevano il messaggio, chiudevano l'originale con un sigillo identico e lo restituivano a Gifford. Apparentemente intatto il messaggio era consegnato poi senza destare sospetti a Maria o al suo corrispondente. Appena entrato in possesso del messaggio cifrato di Babington per la Stuart, Walsingham si era naturalmente chiesto come risalire al testo in chiaro. Il suo primo incontro con i codici segreti risaliva alla lettura di un'opera dello scienziato e filosofo italiano Girolamo Cardano che abbiamo trattato nel paragrafo precedente. Questi aveva immaginato una scrittura per ciechi basata sul tatto, simile a quelle in uso anche ai giorni nostri. Cardano aveva incuriosito Walsingham, ma era stata una crittoanalisi eseguita dal fiammingo Philip van Marnix a fargli comprendere fino a che punto l'arte della decifrazione poteva rivelarsi preziosa. Nel 1577 Filippo II di Spagna era in corrispondenza con il fratellastro, come lui cattolico, don Giovanni d'Austria, il quale regnava su gran parte dei Paesi Bassi. Entrambi avevano in progetto l'invasione dell'Inghilterra e non sapevano che la loro corrispondenza era regolarmente intercettata da Guglielmo d'Orange. Questi la passava a Marnix, suo 'segretario alla cifra' che regolarmente la decrittava, e poi ne trasmetteva il contenuto a Daniel Rogers, uno degli agenti di Walsingham sul continente. Resosi così conto dell'enorme importanza delle scritture segrete Walsingham aveva fondato a Londra una scuola di crittografia ed aveva nominato segretario alla cifra Thomas Phelippes, un uomo 'di bassa statura, corporatura minuta, capelli biondo scuri e barba biondo chiara, il volto butterato dal vaiolo, apparentemente sulla trentina'. Oltre che poliglotta – conosceva alla perfezione il francese, l'italiano, lo spagnolo, il latino e il tedesco – Phelippes era però uno dei più abili crittoanalisti d'Europa. Era così affezionato al proprio lavoro da gettarsi sui messaggi della Stuart dimenticando perfino di cibarsi. Maestro dell'analisi delle frequenze, risolvere un crittogramma era per lui solamente questione di tempo. Il suo metodo consisteva nel contare quante volte ogni simbolo compariva in un messaggio e nell'attribuire un significato provvisorio ai più frequenti. Così a poco a poco era in grado di isolare le nulle – la 'cortina fumogena' spesso usata allora nei messaggi cifrati – e le accantonava. Gli altri simboli di solito non resistevano a lungo, così che alla fine restava una manciata di parole in codice il cui significato si arguiva dal contesto.

Decifrata in tal modo la lettera inviata da Babington alla Stuart nella quale vi era la proposta di eliminare la sovrana d'Inghilterra, Phelippes la inoltrò immediatamente al suo superiore. Già a quel punto Walsigham avrebbe potuto ordinare l'arresto di Babington. Egli però mirava più in alto ed aveva deciso di temporeggiare, nella speranza che Maria approvasse per iscritto la congiura e gettasse così le basi della propria rovina. Da tempo egli desiderava la morte della Stuart ma si era sempre trovato contro la riluttanza della regina. Se quest'ultima però avesse avuto la prova che la sua rivale era pronta a farla uccidere non avrebbe potuto far altro che giustiziarla. Le speranze del Segretario di Stato erano destinate avverarsi di lì a poco. Il 17 luglio Maria aveva risposto a Babington, firmando inconsciamente la propria condanna a morte. Aveva accennato al loro disegno e si era mostrata soprattutto preoccupata del fatto che la sua liberazione doveva avvenire prima o al più nel momento stesso dell'assassinio di Elisabetta. Temeva in altre parole che se la notizia del colpo di stato fosse giunta al suo carceriere questi l'avrebbe uccisa. La lettera come di consueto era pervenuta nelle mani di Phelippes. Questi aveva già decrittato il precedente messaggio e gli era stato facile ricostruire il testo in chiaro e comprenderne le implicazioni, tanto che aveva siglato la sua copia con il simbolo della forca. Il Segretario di Stato aveva ormai quanto bastava per far condannare Babington e Maria, ma ancora non si sentiva appagato. Per stroncare la cospirazione gli occorrevano i nomi di tutti coloro che vi erano coinvolti. Aveva così chiesto a Phelippes di preparare un falso post scriptum alla lettera di Maria che spingesse Babington a fornire le informazioni desiderate. La falsificazione dei testi era un'altra risorsa del versatile Phelippes. Si diceva che fosse in grado 'vista la scrittura di una persona, di imitarla come se questa avesse stilato personalmente ogni parola'.

Questo il testo del post scriptum che era stato aggiunto alla lettera inviata da Maria a Babington:

"Gradirei sapere i nomi e i meriti dei sei gentiluomini che devono attuare il disegno. Potrei infatti, conoscendo le parti interessate, dare al riguardo ulteriori consigli cui sarà necessario attenersi e indicazioni su come procedere in taluni frangenti. Appena potete, per la stessa ragione, [fatemi sapere] chi sia già stato, e in che misura, messo a parte di ciò".

La corrispondenza cifrata di Maria di Scozia dimostra in modo evidentissimo che crittare in modo errato può essere peggio che non crittare. Infatti la regina e Babington si sono espressi sempre senza perifrasi o sottintesi contando sul fatto che i loro messaggi erano cifrati. Questo modo di comunicare è da considerare sempre e comunque un grave errore dal punto di vista della sicurezza. Se i biglietti fossero stati scritti in inglese ordinario vi è da credere infatti che essi avrebbero alluso ai loro piani con estrema discrezione. Il senso di sicurezza dato dalla cifratura spiega anche l'ingenuità con la quale Babington ha ubbidito al falso post scriptum inserito ad arte da Phelippes. Un errore che spesso è stato compiuto nel corso dei secoli da chi serbava troppa sicurezza nella impenetrabilità delle proprie scritture segrete è stato quello di trascurare le più elementari norme di sicurezza. Va da sé che nella circostanza non era di nessun aiuto alla riuscita della congiura il fatto che Maria conoscesse l'identità dei sicari che avrebbero dovuto uccidere Elisabetta e pertanto è stato un grave errore da parte di Babington, a prescindere da ogni altra considerazione, rendere noti i loro nomi al di fuori della cerchia di coloro che erano direttamente coinvolti nell'esecuzione del piano. In breve, se l'uso oculato di una cifratura robusta è senz'altro una risorsa preziosa, l'uso dilettantesco di una cifratura debole può rivelarsi disastroso.

Poco dopo aver ricevuto il messaggio col falso post scriptum, Babington si era rivolto al ministero retto da Walsingham per ottenere un passaporto, in quanto doveva recarsi sul continente per sovraintendere ai preparativi di invasione. Era l'occasione ideale per arrestarlo ma il responsabile dell'ufficio competente, tale John Scudamore, non si aspettava che il più pericoloso cospiratore d'Inghilterra facesse vita proprio a lui. Non disponendo di guardie armate aveva pensato bene di invitare Babington in una taverna che stava nei pressi del ministero, in modo da dare tempo al suo assistente di chiamare rinforzi. Poco dopo Scudamore aveva ricevuto un biglietto con la notizia che tutto era pronto per arrestare i congiurati. Resosi conto del fatto di essere stato scoperto, con la scusa di voler pagare il conto per entrambi, Babington aveva preso la spada e il mantello ed era uscito alla chetichella da una porta secondaria. Raggiunta da prima John's Wood e poi Harrow, aveva tentato di rendersi irriconoscibile accorciandosi i capelli e scurendosi la pelle con succo di noci, assumendo così l'aspetto di un popolano. Per dieci giorni era riuscito in tal modo ad evitare la cattura. Alla fine però, era il 15 agosto, lui e i sei gentiluomini suoi complici erano stati catturati e portati a Londra. In tutta la città le campane delle chiese avevano suonato a festa. Le esecuzioni, descritte dallo storico elisabettiano William Camden, furono di una crudeltà efferata: '... furono tagliuzzati, castrati, sbudellati mentre erano ancora vivi e in grado di vedere, e infine squartati.... Nel frattempo, era l'11 agosto, alla Stuart e al suo seguito era stato concesso l'insolito privilegio di cavalcare nei dintorni di Chartley Hall. Raggiunta una radura la regina aveva scorto alcuni cavalieri che le venivano incontro e si era illusa fossero gli emissari di Babington venuti a liberarla. L'illusione era durata poco. Maria era stata circondata e dichiarata in arresto. Accusata di Aver partecipato ad un complotto contro la Corona era stata rinviata a giudizio in base all'Act of Association, una legge varata dal Parlamento nel 1584 proprio per agevolare la repressione delle trame contro Elisabetta.

Torniamo così alla prima sessione del processo, celebrato al castello di Fotheringhay, un luogo tetro immerso nella piatta e acquitrinosa campagna dell'East Anglia. La prima sessione ha luogo il 15 ottobre, di fronte a due giudici presidenti e quattro giudici a latere e alla presenza del Lord Cancelliere, del Lord Tesoriere, di Walsingham e di numerosi conti, baroni e cavalieri. In fondo all'aula è rimasto un po' di posto per la gente comune, per lo più abitanti nei dintorni o servitori al seguito dei nobili e degli alti funzionari che presenziano al processo, tutti ansiosi di vedere la regina di Scozia chiedere umilmente perdono ed implorare di aver salva la vita. Maria invece si manterrà dignitosa e padrona di sé durante l'intero processo. La sua difesa è imperniata soprattutto nel negare ogni forma di coinvolgimento nella congiura di Babington. '... posso forse essere responsabile – obietta – dei criminali progetti che un pugno di disperati ha concepito senza alcuna conoscenza né partecipazione da parte mia?...'. Le sue parole hanno però poco peso, vista la gravità delle prove a suo carico. Lei e Babington hanno confidato nella crittografia per tenere segreti i loro piani senza rendersi conto di vivere ormai in un'epoca nella quale la crittoanalisi ha ampiamente ridotto la sua efficacia. Le loro scritture segrete potevano resistere agli assalti di un dilettante, non certamente all'esperienza di un decrittatore di professione. Seduto nella zona riservata al pubblico, Phelippes assiste in silenzio all'esibizione delle prove che egli stesso ha ricavato dalla corrispondenza cifrata.

Il processo entra nella seconda giornata e Maria continua a dichiararsi estranea al complotto. Alla fine però si rimette alla clemenza dei giudici, perdonandoli in anticipo dell'inevitabile verdetto. Dieci giorni dopo la star Chambre si riunisce a Westminster e giudica l'imputata colpevole di aver 'concepito e prefigurato sin dal 1° giugno piani miranti all'assassinio e alla rovina della regina d'Inghilterra'. I magistrati chiedono la condanna a morte ed Elisabetta forma il relativo decreto [secondo alcuni storici senza accorgersene in quanto era stato inserito in un pacco di documenti di scarso valore]. L'8 febbraio 1587 nella sala grande del castello di Fotheringhay trecento, persone si radunano per *assistere alla decapitazione. Mentre l'arcivescovo di Peterborough intona le preghiere Maria recita con voce ferma le proprie, per la salvezza della Chiesa Cattolica, per suo figlio, per Elisabetta. Poi si accosta al ceppo con calma e dignità. I carnefici le chiedono perdono ed ella risponde: '... vi perdono con tutto il cuore perché spero che ora porrete fine a tutte le mie disavventure...'. Richard Wingfield ha descritto i momenti conclusivi della sua vita. Poi si stese sul ceppo con la più grande tranquillità e dopo aver disteso le braccia e le gambe disse ad alta voce: in manus tuas Domine. Mentre uno dei carnefici con delicatezza le teneva la mano l'altro calò due volte la mannaia prima che la testa si staccasse... le sue labbra si piegarono in su e in giù quasi un quarto d'ora dopo che la testa era stata tagliata... quindi una dei carnefici nel togliere le giarrettiere notò il cagnolino che si era infilato sotto i suoi vestiti e che non poté essere allontanato dal cadavere e rimase perciò accanto a lei...*

Ci troviamo, dunque, di fronte a uno dei molteplici casi dove il filo della vita di una persona è appeso alla robustezza dell'algoritmo di crittografia usato. In questo caso, la tecnica usata da Maria Stuarda e i suoi complici per cifrare i messaggi segreti, è la sostituzione monoalfabetica, potenziata dall'utilizzo di un codice la cui tecnica è chiamata "Nomenclatura". Nel caso di Maria Stuarda, le parole che essa utilizzava più frequentemente venivano fatte corrispondere a simboli prestabiliti, mentre il resto del messaggio veniva cifrato normalmente.

Così si apriva l'era del noto "Nomenclatore", vale a dire un elenco di parole che si usavano frequentemente e nomi propri, che venivano cifrati utilizzando una serie di simboli o parole convenzionali scelte precedentemente. I primi nomenclatori risalgono al 1326, ma ben presto si evolvono inserendo in questi codici dei simboli che non corrispondono a nessuna lettera del messaggio in chiaro, chiamate "nulle".

Phelippes, il crittoanalista incaricato di decifrare la corrispondenza di Maria, era forse il più esperto dell'epoca, basandosi sull'analisi delle frequenze, era solo questione di tempo per giungere a capo dell'algoritmo. Contava tutti i simboli e attribuiva un significato temporaneo, se non avevano senso tornava indietro e riprovava con altre combinazioni. Risolto l'algoritmo e tutti i simboli della Nomenclatura, riferì al suo superiore. Una volta avuto le prove in mano che la Stuarda era coinvolta nel complotto, diedero ordine di catturare e destinare a orribili torture e lenta morti i suoi complici, mentre la regina fu decapitata pochi giorni dopo.

2.9 La tecnica dei micropunti

La tecnica dei microdot, detta anche dei *micropunti fotografici*, fu molto usata dagli agenti segreti tedeschi in America Latina durante la seconda guerra mondiale. Essa consisteva in fotografie della dimensione di un punto dattiloscritto che, una volta sviluppate e ingrandite, potevano diventare pagine stampate di buona qualità e contenere una grossa mole di dati. Era una tecnica crittografica in cui ogni lettera o simbolo del messaggio iniziale veniva sostituita con altri simboli appartenenti ad un alfabeto differente o ordinato in maniera diversa.

Tramite un procedimento fotografico, dunque, era possibile stampare su un frammento di pellicola di diametro inferiore al millimetro un'intera pagina di messaggio, per poi nascondere il risultato in un qualsiasi testo dal contenuto banale, ad esempio sul puntino di una "i". Questa tecnica fu definita dal direttore del FBI J. Edgar Hoover come *"the enemy's masterpiece of spionage"*.

Pur trattandosi comunque di una tecnica potenzialmente infallibile, il microdot rappresenta storicamente uno dei casi in cui non è stato il livello di segretezza a comprometterne il contenuto, bensì l'affidabilità delle persone in cui era stato riposto il segreto. Infatti, il primo microdot fu scoperto dall'FBI nel 1941 grazie a una soffiata: qualcuno suggerì agli agenti americani di cercare sulla superficie di una lettera un luccichio che tradiva la presenza di una superficie lucida come quella di una pellicola. Da quel momento in poi, gli americani furono in grado di intercettare qualunque comunicazione nemica di origine tedesca proveniente dall'America Latina.

Anche in questo caso l'unione di steganografia e crittografia permise ai tedeschi di rendere, se non impossibili, quantomeno difficili le intercettazioni successive: la loro soluzione al problema fu quella di porre i messaggi su microdot dopo averli sottoposti a cifratura, una strategia che impediva agli americani di avere notizie aggiornate, ma che permetteva comunque di intercettare e bloccare le comunicazioni.

L'atmosfera di paranoia che si venne a creare intorno ai messaggi durante la guerra divenne così intensa che furono messe in atto misure di sicurezza tanto restrittive da sembrare oggi ridicole. Negli USA furono vietate tutte le spedizioni internazionali che riguardavano ritagli di giornali, disegni di bambini e furono interrotte persino le forniture estere di fiori.

Successivamente, qualche anno più tardi, la tecnica dei microdot fu utilizzata da alcune case automobilistiche, tra le quali la Ford e la Fiat, non per scopi di spionaggio, ma semplicemente a fini commerciali. Infatti, con la stessa tecnica dei microdot, venivano impresse tutte le immagini della ricambistica delle singole auto e i relativi codici identificativi, i cosiddetti "partnumber", su delle pellicole delle dimensioni di pochi centimetri, chiamate microfiche.

Un particolare visore con una potente lente d'ingrandimento, poi, consentiva la lettura e l'acquisizione di tutti i dati inerenti alle autovetture. Tutti i negozi di ricambistica automobilistica vennero, a tal fine, dotati di questi particolari visori. Questo sistema d'immagazzinamento e fruizione dei dati relativi alla ricambistica delle autovetture rimase in vigore sino anni Ottanta, periodo in cui si assistette all'introduzione del computer nella maggior parte delle aziende. Per cui, attraverso software specifici, furono in grado di gestire la grossa mole di dati che riguardava la ricambistica delle autovetture.

2.10 Il metodo acrostico

Un'altra forma di comunicazione occulta è rappresentata dall'acrostico. Il termine acrostico deriva dalla parola composta greca akróstichon, che comprende ákros che vuol dire "estremo" e stíchos che significa "verso". Si riferisce a un componimento poetico in cui le lettere o le sillabe o le parole iniziali di ciascun verso formano un nome o una frase, a loro volta denominati, appunto, acrostico.

In origine l'acrostico aveva probabilmente una funzione magica, e veniva spesso utilizzato per celebrare una persona o il suo operato. I più antichi esempi di acrostici risalgono ad Arato e a Nicandro; vi sono numerosi acrostici tra gli epigrammi dell'Antologia Palatina e nell'opera di Dionisio il Periegeta. Nella letteratura latina, Cicerone testimonia che Ennio fu autore di acrostici; più tardi gli argomenti in versi delle commedie di Plauto presentano in acrostici il titolo delle commedie stesse.

Le prime forme di acrostico comparirono anche in Grecia per mano di Epicarmo di Cos (V secolo a.C.) che usava firmare i suoi drammi servendosi di questo tipo di tecnica steganografica: questo, oltre ad essere la prima testimonianza dell'uso di acrostici nella letteratura, è anche il punto di partenza sul quale si è sviluppata una tecnica di garanzia dell'autenticità di documenti nota con il nome di watermarking, della quale abbiamo parlato in precedenza e ne approfondiremo le conoscenze nell'ultimo capitolo.

Fra i poeti cristiani, ricordiamo invece Commodiano che inserì acrostici nella sua opera "Instructiones". Essa è composta da due libri, rispettivamente di 41 e 39 brevi componimenti; il primo, di carattere apologetico, è diretto all'ammonizione e all'educazione dei pagani e dei giudei; il secondo si rivolge invece sempre sullo stesso tono ai cristiani. Il tutto sotto forma di acrostico.

I primi cristiani inoltre usarono l'acrostico come una specie di codice segreto: essi indicavano il Cristo con una figura stilizzata di pesce, perché le iniziali di Iesus Christus Dei Filius Salvator, trasposte in lettere greche, formano nella lingua ellenica la parola pesce.

Molti sostengono che la Bibbia contenga numerosi esempi di questo tipo, addirittura interi discorsi di senso compiuto. Il "Libro delle Lamentazioni" di Geremia, per esempio, è composto di cinque canti: il primo, il secondo e il quinto hanno ventidue versetti che iniziano per le lettere ebraiche nell'ordine naturale, nel quarto l'acrostico non è ordinato e nel terzo canto ci sono tre versetti per ogni lettera. Altri esempi di acrostici dell'antichità sono alcuni Salmi della Bibbia, i cosiddetti "Salmi alfabetici", in cui l'inizio di ogni verso presenta, nell'ordine, tutte le lettere dell'alfabeto (Salmi 25, 34, 119). Tuttavia, è stato più volte dimostrato che statisticamente è molto probabile, in testi di grandi dimensioni, incappare in questo tipo di fenomeni, trasformandosi in coincidenze.

La tradizione dell'acrostico continuò nel Medioevo ed in particolare nella letteratura italiana: molto famoso è l'acrostico costituito dai capoversi delle terzine dell'"Amorosa visione" con cui il Boccaccio dedicò l'opera a Maria d'Aquino.

L'Amorosa Visione è un poema in terzine dantesche suddiviso in 50 canti. Dalla decifrazione dell'acrostico risultano ben tre sonetti: due dedicati a Madama Maria (Maria d'Aquino, la musa del Boccaccio, in altre sue opere identificata con lo pseudonimo di Fiammetta) e uno al lettore. Si tratta quindi del più grande acrostico conosciuto.

Anche nella Divina Commedia si trovano degli acrostici, per esempio nel I canto dell'Inferno, al verso 67:

Risposemi: Non uom, uomo già fui,
E li parenti miei furon lombardi
E mantovani per patria ambedui.
Nacqui sub Iulio, ancorché fosse tardi,
E vissi a Roma sotto il buon Augusto
Al tempo degli dèi falsi e bugiardi.

Poeta fui e cantai di quel giusto
Figliuol d'Anchise che venne da Troia,
Poiché il superbo Ilion fu combusto.

Il personaggio di cui si parla in queste terzine è proprio quel *Re Enea*, di cui si fa l'acrostico nelle prime due.

Attraverso i secoli, l'acrostico è sempre stato usato e nell'800 fu protagonista di un episodio famoso: per inneggiare a Vittorio Emanuele Re D'Italia, i patrioti milanesi del secolo scorso scrivevano "Viva VERDI" sui muri facendo così credere che volessero festeggiare Giuseppe Verdi, il quale, in quegli anni, presentava le sue opere al Teatro alla Scala.

L'acrostico, oltre ad essere usato per rappresentare informazioni riguardanti la provenienza di un testo o l'autore dello stesso, è stato anche un mezzo per diffondere messaggi a grandi quantità di persone. L'esempio più famoso, e al tempo stesso interessante, è quello dello scrittore di racconti dell'orrore, nonché padre fondatore del racconto giallo, Edgar Allan Poe.

In molte delle opere di Poe è stata sfruttata la tecnica dell'acrostico per celare nel testo sinistri messaggi o semplici giochi di parole. Uno tra tutti, la poesia del 1846 *"A Valentine"*: prendendo la prima lettera del primo verso, la seconda del secondo, la terza del terzo e così via, si può comporre il nome di Mrs. Frances Sargent Osgood, scrittrice di Boston, contemporanea e amica di Poe.

Ecco qui di seguito la versione integrale della poesia in cui si evidenzia l'uso dell'acrostico.

For her this rhyme is penned, whose luminous eyes,

Brightly expressive as the twins of Leda,

Shall find her own sweet name, that nestling lies

Upon the page, enwrapped from every reader.

Search narrowly the lines!- they hold a treasure

Divine- a talisman- an amulet

That must be worn at heart. Search well the measure-

The words- the syllables! Do not forget

The trivialest point, or you may lose your labor

And yet there is in this no Gordian knot

Which one might not undo without a sabre,

If one could merely comprehend the plot.

Enwritten upon the leaf where now are peering

Eyes scintillating soul, there lie perdus

Three eloquent words oft uttered in the hearing

Of poets, by poets- as the name is a poet's, too,

Its letters, although naturally lying

Like the knight Pinto- Mendez Ferdinando-

Still form a synonym for Truth- Cease trying!

You will not read the riddle, though you do the best you can do.

In conclusione di questo paragrafo, citiamo anche l'autore di "Alice nel Paese delle Meraviglie", Lewis Carroll, pseudonimo di Charles Lutwidge Dodgson, il quale ha scritto degli acrostici. E mi pare che sia il minimo che ci si possa aspettare da una mente tanto fantasiosa, capace di giocare con altrettanta abilità sia con i numeri che con le parole.

Questo acrostico che vi propongo è dedicato alle tre sorelle Liddell: Lorina, Alice ed Edith. Le stesse per le quali la celebre favola fu inventata come racconto orale durante una gita in barca, in un primo tempo e, successivamente, dietro richiesta proprio della piccola Alice, come quadernetto scritto e disegnato a penna.

Little maidens, when you look
On this little story-book,
Reading with attentive eye
Its enticing history,
Never think that hours of play
Are your only HOLIDAY,
And that in a HOUSE of joy
Lessons serve but to annoy:
If in any HOUSE you find
Children of a gentle mind,
Each the others pleasing ever--
Each the others vexing never--
Daily work and pastime daily
In their order taking gaily--
Then be very sure that they
Have a life of HOLIDAY.

L'acrostico, in definitiva, è una tecnica utilizzata per nascondere parole o frasi che possono essere ricavate raccogliendo, a partire da una parola e da un punto del testo, tutte le lettere che si trovano in una determinata posizione e distanza scelta.

3. La storia di Bin Laden

3.1 Breve biografia[12]

Diciassettesimo di 53 figli, Osama Bin Laden è nato nel 1957 a Djedda, capitale dell'Arabia saudita (poi Riyadh), da madre siriana. Di suo padre si dice che proveniva dallo Yemen nel 1932, quando in Arabia Saudita si stava installando la nuova dinastia regnante e che, per i suoi "contatti personali" con dei membri della famiglia reale (specialmente con il principe Turki bin Faisal bin Abdelaziz, capo dell'*intelligence* saudita per 24 anni, sino a poco tempo fa), divenne presto il costruttore preferito a corte, con la Bin Laden Construction, una società ramificata in diversi paesi e del valore di parecchie decine di miliardi di dollari.

Bin Laden dunque è cresciuto in una famiglia facoltosa, che ha costruito la sua fortuna grazie al boom edilizio finanziato dal

---

[12] http://biografie.leonardo.it/biografia.htm?BioID=86&biografia=Osama+Bin+Laden

commercio del petrolio. Le sue sostanze sono valutate intorno ai 300 milioni di dollari.

Suo padre morì quando lui aveva 13 anni ed a solo 17 anni sposò una cugina siriana, dalla quale ha avuto numerosi figli.

Nel 1979 si laurea alla King Abdel Aziz University di Djedda effettuando studi in management ed economia (o ingegneria secondo altre fonti). Studiò inoltre teologia ed ebbe come guida il professore palestinese Abdallah Azzam, fortemente orientato verso la *Jihad* contro gli infedeli. Subito dopo gli studi universitari si dedica alla raccolta di fondi a favore dei *mujaheddin* afghani in lotta contro l'invasore sovietico.

Nel 1980, infatti, decide di lasciare la casa paterna per prendere parte alla Jihad afghana contro l'Unione Sovietica dove, in un primo tempo, costruisce ospedali e rifugi antiaerei, per poi imbracciare le armi e trasformarsi in un eroe nella regione.

In Afghanistan resta sino al 1989. Un'esperienza che lo porta a radicalizzare il suo odio nei confronti degli Stati Uniti ma anche a prendere le distanze dal paese di origine, l'Arabia Saudita, la cui famiglia regnante era stata considerata "troppo poco islamica". Terminata l'esperienza di guerra contro i sovietici, torna in Arabia Saudita dove comincia a lavorare per l'azienda di costruzioni di famiglia, il "Saidi Binladen Group".

Tuttavia, a scapito della pacifica esistenza che gli si andava profilando, sembra divorato da un'irrefrenabile attrazione per le situazioni conflittuali. Ecco allora che si attiva sui fronti caldi del momento e si unisce alle forze che si oppongono alla monarchia regnante, la famiglia Fahd, tanto che di lì a poco viene espulso dal Paese e spogliato della cittadinanza saudita.

Dopo il ritiro sovietico, nel 1989, Bin Laden e alcuni alleati diedero vita ad Al-Qaeda, in italiano "La Base", un network terroristico che, secondo l'FBI, è presente in una trentina di stati nel mondo e ha stretto alleanze con gli Hezbollah libanesi, la Jihad islamica egiziana, e i gruppi armati algerini. (Nel paragrafo successivo spiegheremo in dettaglio Al-Qaeda).

Nel 1990, in preparazione della guerra contro l'Iraq, le truppe americane vengono schierate in Arabia Saudita in accordo con la dinastia regnante. Osama Bin Laden protesta fortemente contro questa presenza di infedeli in una terra sacra e perciò viene arrestato ed espulso dal paese. Si trasferisce allora in Sudan dove dominava il regime islamista di Hassan Turabi. Lì si dedica a diverse attività imprenditoriali, agricole ed edilizie, fondando la Al Shamal Islamic Bank, tuttora esistente e ora inclusa nell'elenco delle organizzazioni finanziatrici della rete terroristica con ramificazioni a New York, Ginevra, Parigi, Londra.

Nel 1992 tornò in Arabia Saudita, ma le autorità gli ritirarono il passaporto accusandolo di sostenere gruppi integralisti in Egitto e Algeria. Nel 1996 Riad gli ritirò la cittadinanza e il Sudan, paese in cui si era rifugiato, gli impose di andarsene. Bin Laden tornò allora in Afghanistan da dove lanciò la guerra santa contro gli Usa, diventati per lui il nemico numero uno dopo la Guerra del Golfo (gennaio-febbraio 1991) e l'operazione *Restore Hope* in Somalia (dicembre 1992).

Nell'ottobre 1993 18 militari statunitensi, impegnati nell'operazione umanitaria in Somalia, vengono uccisi nel corso di un'operazione a Mogadiscio. Bin Laden viene condannato nel 1996 con l'accusa di aver addestrato i responsabili dell'attacco.

Nell'intervista rilasciata alla CNN nel 1997, ammette che a uccidere i soldati americani sono stati i suoi seguaci, insieme a un gruppo di musulmani locali.

Nel 1996 lancia il primo "fatwah", editto religioso in cui invita i musulmani a uccidere i soldati americani stazionati in Arabia Saudita e Somalia.

Il 7 agosto 1998, otto anni dopo il dispiegamento delle truppe americane in Arabia Saudita, con l'esplosione di alcune autobombe fa saltare in aria le ambasciate americane a Nairobi, in Kenya e a Dar es Salaam, in Tanzania, uccidendo centinaia di persone.

Naturalmente, Bin Laden smentì il proprio coinvolgimento in questi episodi, ma secondo gli inquirenti la sua responsabilità è del tutto evidente, a giudicare dai fax inviati dalla sua cellula londinese ad almeno tre organizzazioni giornalistiche.

Due settimane più tardi, l'allora presidente Usa Bill Clinton (al centro in quel momento dello scandalo Lewinsky), ordina un attacco missilistico contro alcuni campi di addestramento in Afghanistan e un impianto farmaceutico a Kartoum, in Sudan. Bin Laden sopravvive agli attacchi e viene accusato dalle Nazioni Unite di aver organizzato gli attentati del 1998.

La sua guerra contro gli Stati Uniti gli è valsa una taglia di 5 milioni di dollari. Il leader islamico è stato bersaglio di una massiccia càccia all'uomo Usa dal 1998, dopo gli attentati alle ambasciate americane in cui morirono 224 persone e 4.000 rimasero ferite, attacchi dei quali il leader ha negato ogni responsabilità. A lui viene attribuita anche la responsabilità dell'attacco suicida contro il cacciatorpediniere americano Cole, colpito nel porto di Aden alla base navale nel Golfo Arabo, nell'ottobre del 2000, con la morte di 17 americani.

Pare inoltre che, nel 1998, ci sia stata una fusione tra Al-Qaida e l'organizzazione islamista egiziana Jihad che aveva organizzato l'assassinio di Sadat; e che una cooperazione con la Gamaa Islamiya dello sceicco cieco Omar Abdul Rahman, oggi in carcere negli Stati Uniti dal 1995 per l'attentato al World trade center nel 1993, abbia dato vita al Fronte mondiale di Jihad contro sionisti e crociati.

Ufficialmente "ospite" del governo di Kabul, Osama Bin Laden utilizzerebbe i suoi campi in Afghanistan per raccogliere da tutto il mondo gli integralisti disposti al martirio nella guerra santa contro il "Grande Satana", organizzandoli in una rete internazionale in grado di colpire ovunque. Gestisce affari e collegamenti con gruppi fondamentalisti. Titolare di proprietà e conti bancari valutati, secondo le diverse fonti, in centinaia o migliaia di milioni di dollari, è ritenuto il principale banchiere dell'integralismo islamico nel mondo.

Dopo gli assalti alle ambasciate Usa in Kenya e in Tanzania, gli Stati Uniti lanciarono missili Cruise su quello che ritenevano essere il suo quartier generale, uccidendo alcuni suoi militanti: ma lo sceicco riuscì a sfuggire alla rappresaglia (si sa che non rimane mai a lungo nello stesso posto, proprio per rendersi imprendibile).

Successivamente, lo sceicco miliardario smise di tenere conferenze stampa per i giornalisti occidentali; un video che lo ritrae al matrimonio del figlio è uscito dall'Afghanistan qualche tempo fa (i Talebani, nella loro furia antioccidentale, hanno vietato anche la televisione) e di recente lo si è visto in un filmato (che però potrebbe essere vecchio materiale riciclato) mentre addestra le sue "reclute".

Dal 3 gennaio 2001 è in corso a New York il processo per i due attentati alle ambasciate, ma Bin Laden non è sul banco degli imputati, nascosto con le quattro mogli e, secondo alcuni, in precarie condizioni di salute, sulle montagne afghane.

Secondo alcune fonti, la sua residenza abituale sarebbe nei pressi della capitale spirituale dei Talebani nella città meridionale afghana di Kandahar, o nella città orientale di Jalalabad.

Il 29 maggio 2001 quattro suoi collaboratori vengono condannati al carcere a vita. Diversi altri sospetti rimangono in attesa di processo. Tra questi, Ahmed Ressam, reo confesso di aver partecipato al piano fallito di far esplodere l'aeroporto internazionale di Los Angeles durante i festeggiamenti del capodanno 2000. Ressam ha detto di aver imparato a maneggiare pistole e fucili in un campo di addestramento in Afghanistan, il Paese che ospita il miliardario saudita.

Il resto è storia recente. Dopo il tragico attentato alle Torri Gemelle di New York, Bin Laden è diventato il pericolo numero uno per gli Stati Uniti, che hanno unito le loro forze, insieme a numerosi alleati internazionali, per dare la caccia a quello che è ormai considerato a tutti gli effetti (anche grazie ad alcuni video che lo vedono "dissertare" sulla riuscita dell'attentato), il responsabile morale e materiale della strage di New York.

3.2 La rete terroristica Al-Qaeda

La nascita dell'organizzazione terroristica Al-Qaeda risale, come è noto, ai tempi della resistenza anti-sovietica in Afghanistan. Ma l'aspetto più saliente della formazione è quello che essa ha assunto negli anni Novanta: non un unico organigramma, ma una serie di moduli e di sub-organizzazioni interconnesse ma formalmente indipendenti.

Una struttura sfuggente, flessibile e mutevole, che qualcuno ha paragonato ai terribili virus mutanti di Ebola, dell'Aids e della Sars. Ma anche dietro questa rete terroristica si muovono menti raffinate e abili pianificatori strategici, finanzieri spregiudicati e spezzoni devianti di un criminoso progetto politico.

In poche parole, chi c'è dietro Bin Laden?

Partiamo dall'organigramma di Al-Qaeda[13]. Analizziamo in particolare la struttura dell'organizzazione terroristica piuttosto che soffermarci troppo sui nomi i quali sono soggetti a cambiamenti per via della caccia che gli USA stanno dando loro.

Emiro generale

Osama Bin Laden

Luogotenenti

Ayman al-Zawahiri   *Mohammed Atef* (operazioni militari)

Shura Majlis (consiglio che coordina 4 commissioni)

Comm. Religioso/legale   Comm. Finanza   Comm. Media
Comm. Militare

Cellule individuali terroriste

Secondo l'organigramma tracciato e descritto da alcuni giornali, Osama Bin Laden sarebbe "emiro generale"; sotto di lui operano due luogotenenti: Ayman al-Zawahri e Mohammed Atef. Ad essi bisogna aggiungere Suleiman Gaith, imam kuwaitiano, che avrebbe raggiunto Bin Laden dopo gli attentati dell'11 settembre e sarebbe oggi il suo portavoce.

Poi viene la Shura Majlis (consiglio direttivo) che riunisce quattro comitati: religioso-legale, finanziario, comunicazioni, militare. E infine le singole cellule operative. Prendendo per buona questa struttura, oltre a Bin Laden, abbiamo almeno due luogotenenti che potrebbero prenderne il posto; ma tutto resta nebuloso.

---

[13] Articolo su Al Qaeda del 8 maggio 2005 della giornalista Monica Losciale
http://www.warnews.it/index.php/content/category/1/28/

Infatti "Al-Qaeda non è né una gerarchia tradizionale, né una pura e semplice associazione di individui collegati tra loro. È entrambe le cose e nessuna delle due cose". Perciò si sa qualcosa, ma per il resto si naviga al buio.

Vediamo le informazioni sui due luogotenenti, per farcene un'idea.

Mohammed Atef, conosciuto anche come Abu Hafs el Masri o come sceicco Taseer Abdullah, è nato nel 1958 nel villaggio egiziano di Quenna, ha lavorato non si sa per quanti anni nella polizia egiziana, poi nei primi anni Ottanta andò in Afghanistan, unendosi ad Ayman al-Zawahri, che poi lo presentò a Bin Laden. Pare che abbia girato per diversi paesi, specialmente in Somalia nel 1992 e 1993, per organizzare dei gruppi armati locali; sarebbe anche il dirigente dei campi di addestramento di Al-Qaeda, in Afghanistan. Insomma, l'organizzatore militare.

Il personaggio di maggior rilievo sarebbe Ayman al-Zawahri. È nato al Cairo nel 1951, da una famiglia di medici e di eruditi. Suo nonno era il grande imam di Al-Azhar, al Cairo, una delle più importanti moschee del mondo arabo ed uno dei centri del pensiero dell'Islam. Uno dei suoi prozii è stato il primo segretario generale della Lega araba. Un altro prozio è un alto dirigente di un importante partito di opposizione in Egitto.

Al-Awahri è medico, e pare che sia anche molto bravo, ma le notizie che troviamo riguardano quasi soltanto la sua attività politica. Si impegnò molto giovane nella Fraternità musulmana, gruppo non violento che auspicava la creazione di un'unica nazione islamica formata dagli Stati arabi e che fu proibita e repressa dal governo egiziano nel 1954. Le seguì la Djihad islamista, nel 1973, che si proponeva di rovesciare il governo con la forza e che nel 1981 assassinò Sadat.

Al Zawahri fu arrestato e accusato di cospirazione e pare che egli già godesse di una posizione di spicco nell'organizzazione. Fu liberato nel 1984 e aprì una clinica a Maadi, nella periferia ricca del Cairo, dove curava dei pazienti provenienti da ricche famiglie egiziane e si occupava della sua famiglia. Il suo prozio Mahfur Azzam, vice presidente del partito laburista di opposizione e avvocato alla corte penale, l'ha descritto come un padre di famiglia dedito alla moglie e ai figli.

Nel 1985 lasciò la clinica e lavorò nella Mezzaluna rossa, l'organizzazione medica che curava i combattenti afghani dell'epoca e, pare, che lì abbia incontrato Bin Laden. I due uomini erano ricchi, provenivano entrambi da famiglie note nei loro paesi d'origine, ed avevano entrambi studiato in scuole private di spicco.

Pare che al-Zawahri abbia in quel tempo persuaso Bin Laden a perseguire la formazione di uno Stato islamista comprendente diversi paesi musulmani; comunque, stando al racconto fatto da un ex associato ad Al-Sharq al-Awsat, giornale saudita pubblicato a Londra, al-Zawahri sarebbe diventato per Bin Laden "ciò che il cervello è per il corpo". Tra il 1990 e il 1991, al-Zawahri avrebbe viaggiato estesamente, in Egitto per sviluppare la Djhad islamista, poi in Europa e anche in California, per raccogliere fondi; nel 1993 il governo di Benazir Bhutto l'avrebbe cacciato dal Pakistan ed è stato poi condannato a morte in Egitto per il tentativo di assassinio della signora Bhutto, a quel tempo primo ministro.

Si rifugiò in Sudan, poi pare che abbia partecipato alla guerra in Bosnia. Insomma, all'inizio degli anni Novanta, al-Zawahri era responsabile della Djihad islamista egiziana, impegnata ormai in diversi attentati, tra cui quello all'ambasciata d'Egitto a Islamabad, nel 1995. Solo nel 1998, quando Bin Laden lanciò il suo proclama di guerra santa "contro i sionisti e i crociati", fu conclusa l'alleanza tra la Djihad e al-Qaida, o perlomeno tra al-Zawahri e Bin Laden.

L'arresto avvenuto in Pakistan a maggio 2005 di Abu Faraj al-Libbi, affiliato di Al-Qaeda e considerato il numero tre dell'organizzazione, è stato salutato come un grande successo del coordinamento tra intelligence americana e pakistana. Uno scambio di informazioni che ha portato alla cattura di uno degli esponenti di spicco della cupola terroristica e ritenuto in contatto con lo stesso Osama Bin Laden e Ayman al Zawahri, il suo braccio destro. Sarebbe stato l'uomo a confessare la propria identità, fornendo elementi che sono poi stati verificati dai servizi di intelligence americani. Lo ha confermato il portavoce della Casa Bianca, Ari Fleischer. "*Si tratta di un colpo molto serio ad Al-Qaeda*", ha detto Fleischer.

Secondo le ricostruzioni della cattura, l'uomo ha lottato strenuamente per sottrarsi all'arresto da parte dei poliziotti pakistani, messi sulle sue tracce dall'intelligence americana. Per bloccarlo, gli agenti gli hanno sparato e lo hanno colpito tre volte, causandogli ferite non gravi allo stomaco, all'inguine e ad una gamba.

Ma chi è veramente al-Libbi? E quali ripercussioni avrà la sua cattura sul futuro di Al-Qaeda?

Di origine libica, accusato di due attentati alla vita del presidente pakistano Musharraf, il nome di al-Libbi è rimasto sconosciuto fino allo scorso anno. Poi, dopo una serie di arresti ed interrogatori, il suo nome ha cominciato a divenire ricorrente, tanto da guadagnarsi un posto tra i sei super ricercati dalle autorità pakistane.

Tutto questo fa ipotizzare che la cattura dello sceicco del terrore non sia poi così impossibile; ma nell'attuale struttura di Al-Qaeda cosa comporterebbe l'ipotetico arresto di Bin Laden?

Al-Qaeda, "la base", venne fondata da Bin Laden intorno al 1988 in Afghanistan; era la base di addestramento per i combattenti afghani che tentavano di liberare il paese dall'armata sovietica e in questo periodo Bin Laden riceve fondi da Arabia Saudita e Stati Uniti. La guerra era alla fine, ma Bin Laden intendeva continuare la Jihad anche in altri paesi. Secondo gli esperti la struttura originaria di Al-Qaeda era composta da un consiglio consultivo, il majlis al shura, che aveva il compito di prendere le decisioni più importanti, come la pianificazione degli attacchi terroristici e la promulgazione delle fatwah, le ordinanze religiose. Inoltre i membri del consiglio avevano un ruolo primario anche in quattro importanti commissioni della rete, quella militare, studi islamici, informazione e finanza.

Mohammed Atef, il co-fondatore dell'organizzazione, ucciso durante i bombardamenti in Afghanistan nel novembre del 2001, era membro del consiglio consultivo e alla guida della commissione militare. Al Zawahri, medico personale di Bin Laden e anch'egli tra i fondatori di Al-Qaeda, è quotato sia tra i membri del consiglio che della commissione sugli studi islamici.

Con questa struttura ci si aspetterebbe un'organizzazione le cui azioni dipendono direttamente dai suoi vertici. Ma non è così, o almeno non lo è più. I bombardamenti americani sull'Afghanistan, pur non avendo portato alla cattura dei leader della rete terroristica, sono riusciti ad infliggere danni ingenti all'intera organizzazione, con la distruzione di molti campi di addestramento e l'uccisione e la cattura di molti affiliati. Si tratta però del solo gruppo "storico", quello afghano, ad essere stato colpito. Ma le numerose cellule di cui oggi la rete è composta continuano a rappresentare un pericolo e godono di grande autonomia.

L'apice degli attacchi terroristici di Al-Qaeda è stato raggiunto con l'11 settembre. Un attacco spettacolare e simbolico, in cui l'America, ed il mondo occidentale e capitalista che essa rappresenta, è stata colpita al cuore. Un effetto mediatico senza precedenti e difficilmente uguagliabile. Ma anche le molte cellule affiliate hanno raggiunto, seppur con un tono minore, una grande risonanza mediatica.

Prendiamo ad esempio l'attacco alla discoteca di Bali; un attacco che ha scosso profondamente il mondo occidentale e che avrebbe avuto ben altro effetto se ad essere colpito fosse stato piuttosto un obiettivo militare.

Quando si parla di Al-Qaeda, quindi, si parla di un gruppo terroristico tout court. A differenza di altri gruppi armati, come Hamas, Hezbollah, Ira ed Eta, Al-Qaeda non ha mai spostato la sua azione sul campo politico. Al-Qaeda vive di prima pagina ed i suoi attacchi devono guadagnarsi la massima visibilità.

In questo discorso rientrano anche i video del terrore girati in Iraq, che rappresentano ormai una potente arma di propaganda dal profondo impatto emotivo sul pubblico a cui sono rivolti. Lo scopo della spettacolarizzazione del terrore e dell'orrore è quello di trovare nuove reclute; la morte di un jihadista o l'esecuzione filmata di un prigioniero dovrebbe spingere altri islamici ad unirsi alla lotta contro l'occidente infedele.

In questo senso è molto pericoloso attribuire a questo gruppo la responsabilità di attacchi la cui matrice è dubbia. E' il caso ad esempio dell'attentato dell'11 marzo a Madrid. Sin dal primo momento i sospetti si sono rivolti sia sull'Eta che su Al-Qaeda, ma già dal giorno dopo l'opinione comune era che a commettere la strage fosse stato il gruppo di Bin Laden. Un attacco compiuto in concomitanza con le elezioni politiche e che ha colpito le ferrovie spagnole, già obiettivo dell'Eta: tutti fattori che avrebbero dovuto indurre a sospettare maggiormente il gruppo basco. Anomale, rispetto ai metodi di azione di Al-Qaeda, sono anche le modalità dell'attacco.

L'utilizzo di dinamite invece che del nitrato di ammonio misto a plastico, comunemente usato dal gruppo di Bin Laden, e la deflagrazione avvenuta tramite dei telefoni cellulari, senza che ci fosse il suicidio dei martiri della Jihad così importante nel simbolismo islamico, fanno permanere forti punti di domanda rispetto alla matrice di quell'attentato. Ma è bastata una dubbia rivendicazione per convincere i più che l'attacco fosse opera del gruppo di Bin Laden, facendo proprio il suo gioco. E senza tener conto che ogni azione terroristica attribuita ad Al-Qaeda che va a buon fine rappresenta soldi che entrano nelle casse della rete finanziata dai miliardari sauditi.

L'uccisione di Atef e l'arresto di al-Libbi sono sicuramente risultati importanti ma non determinanti per una vittoria sul terrorismo di matrice islamica, così come non lo sarebbe neanche la cattura o l'uccisione dello stesso Bin Laden.

L'orrore che certi attacchi terroristici hanno sulla maggior parte del mondo islamico, fanno ben sperare ed indicano che Al-Qaeda non ha una base sociale di riferimento. Probabilmente una politica di integrazione e coesistenza del mondo islamico sortirebbe effetti ben più efficaci e duraturi di qualunque guerra al terrorismo, e porrebbe le basi per una soluzione duratura del problema.

3.3 La comunicazione multimediale di Bin Laden

Come abbiamo avuto modo di constatare nei capitoli precedenti, la steganografia è pienamente inserita nella comunicazione multimediale, anzi ne è parte integrante. Non possiamo quindi esimerci dal parlare di multimedialità in questo contesto in cui la steganografia la fa da padrone. Anche perché, una nuova frontiera si è aperta nel mondo della comunicazione, a conferma che la comunicazione stessa non costituisce un mondo dai confini delimitati. Al contrario, essa sembra arricchirsi di dimensioni su misura che accrescono i media. Tanti più sono i media, tante più le dimensioni della comunicazione. Un continente inesplorato sembra allora che sia reso accessibile attraverso le moderne tecnologie informatiche. I diversi media non ripetono la medesima sostanza sotto una diversa forma, ma creano degli universi comunicativi differenti e del tutto autonomi tra loro.

Ma la multimedialità sembra voler andare più in là poiché mira ad arricchire e a rivoluzionare il concetto che abbiamo di comunicazione. Un libro segue un'andatura lineare, sequenziale. Ha un inizio e ha una fine. Un ipertesto per esempio, al contrario, è circolare, non è definito da un inizio e da una fine e permette così più possibilità di lettura.

Possiamo dunque chiamare multimediale una comunicazione determinata dall'uso integrato di tecnologie dell'informazione e della comunicazione che implichino l'integrazione di media diversi, di linguaggi diversi, di strategie comunicative diverse. Nella comunicazione in generale, è importante scegliere i contenuti adeguati al target e organizzarli nel modo migliore.

Questo vale anche per la comunicazione multimediale, nella quale è fondamentale che ci sia alla base una buona progettazione e che vengano rispettate alcune fasi di lavorazione, quali la pianificazione, che consiste nello scegliere gli obiettivi e l'argomento nonché identificare il destinatario, la preparazione con la quale si organizzano i contenuti e si progettano i vari elementi, la realizzazione vera e propria.

Se la progettazione della comunicazione multimediale è avvenuta con tali criteri, il risultato che deve scaturire dall'esposizione finale deve contenere necessariamente i seguenti elementi indispensabili per una comunicazione efficace: chiarezza, pertinenza, effetto visivo, leggibilità, qualità, incisività, navigabilità, efficacia della comunicazione.

Progettazione, quindi, che sembra essere alla base della comunicazione di Bin Laden. Analizzando, infatti, le registrazioni delle sue apparizioni televisive, si evince chiaramente che ogni singolo elemento inserito all'interno dei videotape non è casuale ma frutto di una organizzazione posta alla base della comunicazione stessa. Il messaggio che ogni videotape trasmette è una sintesi di efficacia comunicativa, nel senso che raggiunge l'obiettivo primario prefissato che è quello di essere preso in considerazione ed analizzato e, in buona sostanza, fa in modo che il ricevente la comunicazione recepisca il contenuto del messaggio.

Alla base di questa efficacia della comunicazione ci sono elementi fondamentali quali la chiarezza espositiva, la leggibilità del discorso, la sua pertinenza in relazione all'effetto visivo dell'ambiente e dello scenario che fanno da sfondo.

Tanti sono gli esempi di comunicazione multimediale di Bin Laden effettuati attraverso l'uso di videotape registrati. Ciò a dimostrazione di come Bin Laden abbia fatto un sapiente uso della comunicazione multimediale e come poi sia arrivato all'utilizzo della steganografia.

Da notare, in particolare, il tipo di linguaggio utilizzato: sempre chiaro e senza indugi, diretto all'interlocutore, discorsi sempre pertinenti e mirati ad eventi accaduti o che devono succedere. Il discorso è sempre leggibile e atto a far comprendere all'interlocutore il significato del messaggio stesso. Ogni parola sembra essere inserita nel discorso secondo una chiara pianificazione, nulla sembra lasciato al caso o all'improvvisazione. Il mezzo utilizzato, poi, è pienamente inserito nei canoni della più semplice comunicazione: un emittente, un ricevente, un messaggio col suo contenuto, un veicolo di comunicazione, in questo caso multimediale.

Gli americani hanno giudicato efficaci le apparizioni TV del capo dei Talebani. Nell'opinione pubblica americana si è radicato il sospetto che Bin Laden sia molto più efficace nella battaglia d'immagine che combatte quotidianamente con gli Stati Uniti. Si pensa infatti che le interviste rilasciate nell'ultimo periodo, basate sul suo aspetto ieratico e concesse all'uscita di una caverna, siano molto più coinvolgenti dei freddi comunicati diramati dagli addetti stampa della Casa Bianca.

3.4 Bin Laden e la steganografia

Il terrorismo ha capito che la guerra contro gli "infedeli" può essere vinta prima ancora di far esplodere le bombe. Uno strumento insidioso e di immediata accessibilità è Internet, utilizzato a piene mani da sedicenti gruppi armati per diramare i loro messaggi, inserire video, annunciare imminenti attacchi.

Ma la Rete non serve solo per diffondere minacce o rivendicare atti terroristici. Il potere ammaliante del Web serve anche per fare proseliti nel mondo. Ahmad al Wasiq Billah tempo fa, da Londra, aveva annunciato l'inaugurazione dell'Università online di Al-Qaeda per le Scienze del Jihad dove si offrivano specializzazioni in "Jihad elettronico", "Jihad psicologico", "Tecnologia degli esplosivi", "Tecnologia delle autobomba".

Il percorso elettronico della fede islamica estrema e sanguinaria si insinua anche con queste trovate mediatiche costruite per far parlare di sé. La guerra santa da tempo si combatte anche davanti al computer.

La gran parte dei giovani musulmani che affluiscono alle frontiere con l'Iraq in attesa di potervi entrare sotto le sembianze di contadini, artigiani o turisti, hanno un'età media tra i 20 e i 22 anni e non ha mai avuto frequentato un campo di addestramento militare.

Affluiscono seguendo il suono del "pifferaio della Rete" che ha con sapienza creato delle vere e proprie isole all'interno di Internet dove professare la propria dottrina, arruolare, selezionare i futuri martiri.

Di questo se ne è accorto anche l'Italia che, nelle varie relazioni semestrali dei servizi segreti al Parlamento, nelle quali, tra l'altro, l'Italia veniva definita un "obiettivo pagante" per i terroristi islamici, sottolineava che "l'accresciuto impiego di Internet sembra sempre più rispondere alla duplice esigenza di rafforzare la pressione sulle comunità occidentali tenendole in costante allarme e di raggiungere una militanza diffusa ed eterogenea".

In questo senso si è mosso il Sismi che è riuscito a intercettare un sito, ISLAMICMINIBAR.COM/FORUM.

Secondo quanto scritto dal giornale arabo "Al Sharq al-Awsat", che citava una ricerca del Centro studi sul Medio Oriente di Washington, il 76% dei siti Internet riconducibili al gruppo terroristico di Osama Bin Laden è realizzato e messo in rete negli Stati Uniti. Così, per esempio, i siti delle cellule saudite di Al-Qaeda, di quella irachena di Abu Musab Al-Zarqawi e delle Brigate Abu Hafs Al-Masri utilizzano lo stesso portale gratuito, HOSTINGANIME.COM, che ha sede negli Stati Uniti.

Si tratta di un sito Web islamico che ha inviato le immagini, per esempio, che hanno mostrato militanti iracheni che decapitavano un uomo egiziano considerato una spia dei militari americani.

Le contromisure per cercare di monitorare l'attività eversiva in rete sono scattate, anche se con molte difficoltà. Bin Laden si serve della crittazione informatica da molti anni, ma avrebbe deciso di intensificarne l'uso dopo aver appreso che i servizi americani intercettano le sue conversazioni telefoniche. I software di crittazione informatica sono presi direttamente e gratuitamente dalle associazioni di difesa della privacy per confondere i loro documenti, piani e altre istruzioni.

Si è ipotizzato che gli attentatori dell'11 settembre, per organizzarsi senza essere scoperti, possano aver utilizzato la steganografia o qualche sistema che abbia reso anonimi i mittenti delle comunicazioni. Per scambiarsi informazioni vengono sfruttati a piene mani siti pornografici o forum dove si parla di sport.

Proviamo ad analizzare i motivi che hanno indotto i componenti di Al-Qaeda ad utilizzare proprio questa tipologia di siti per le loro comunicazioni attraverso la steganografia e, soprattutto, come l'hanno utilizzata.

Uno dei motivi scatenanti dell'utilizzo della steganografia fu la necessità di trovare fonti alternative per lo scambio di informazioni, visto che i servizi americani erano ormai riusciti ad intercettare quasi tutte le loro comunicazioni avvenute tramite e-mail o per telefono.

La consapevolezza, poi, del fatto che ci vogliono non più di un paio di minuti per steganografare un messaggio segreto e che invece possono essere necessarie diverse settimane per risalire al messaggio non conoscendo la password né tantomeno l'algoritmo utilizzato, ha convinto Bin Laden a comunicare attraverso la steganografia, viste le evidenti difficoltà di applicare una stegoanalisi efficace, considerato lo stadio embrionale di studio della materia.

L'idea, invece, di utilizzare siti porno e forum sportivi come vettori delle loro comunicazioni, è dovuta alla necessità di confondere essi stessi in mezzo a quante più persone possibili e rendere pressoché impossibile individuare i loro messaggi in quanto, i loro vettori, erano inseriti in un contesto di milioni di immagini, e quindi, di potenziali vettori. Si calcola, infatti, che i visitatori di siti sportivi e pornografici siano milioni.

Probabilmente i terroristi non avrebbero sortito lo stesso effetto, e quindi sarebbero stati sicuramente intercettati, se avessero inserito i loro messaggi all'interno di immagini ospitate, per esempio, in un forum dedicato agli appassionati delle piante grasse, i cui estimatori, con molta probabilità, sono di gran numero inferiore a quelli della pornografia!

Per quello che concerne le modalità applicative, sono stati utilizzati diversi software steganografici, alcuni dei quali sono tuttora in circolazione. C'è da dire che il software steganografico di qualche anno fa non era perfettamente efficiente, in quanto lo studio della steganografia era ancora in fase embrionale e di sperimentazione. Ebbene, gli uomini di Bin Laden riuscirono con uno stratagemma ad eludere i problemi che presentavano i software di allora.

Vediamo come.

Intanto facciamo una premessa: deve esserci un certo tipo di rapporto spaziale tra messaggio segreto e file che funge da contenitore, diciamo, uno a otto o uno a dieci, altrimenti il file originale e quello trattato steganograficamente non saranno perfettamente identici in termini di risoluzione grafica, in quanto quest'ultimo potrebbe presentare dei difetti o distorsioni in alcuni punti dell'immagine. (Queste informazioni le vedremo comunque in maniera dettagliata nel prossimo capitolo).

Premesso questo, dobbiamo inoltre dire che, in genere, un file di testo scritto in lingua italiana ha un peso di circa 25 Kbyte. Lo stesso file di testo, scritto in lingua araba, pesa molto di più per via dell'utilizzo di caratteri speciali. Questo vuol dire che, volendo inserire steganograficamente il file di testo in italiano all'interno di un'immagine, si è maggiormente sicuri di raggiungere risultati efficaci rispetto allo stesso file di testo scritto in arabo ed inserito all'interno della stessa immagine. Il risultato sarà che l'immagine contenente il documento in arabo potrebbe presentare in alcuni punti delle sbavature di colore o veri e propri difetti ottici.

Consapevoli di questo, allora, cosa hanno pensato di fare quelli di Al-Qaeda?

Hanno semplicemente costruito un algoritmo che fosse in grado di andare ad inserire il loro messaggio segreto in determinati punti dell'immagine e non in maniera casuale come di solito i software steganografici si comportano.

E indovinate dove è caduta la loro scelta?

In punti in cui un utente non andrebbe mai a guardare, e seppure lo facesse, non farebbe caso ad eventuali difetti.

Quali?

Il gomito di una donna ripresa in una scena di sesso, alcuni punti dei suoi capelli, il suo alluce, e così via.

E non si erano sbagliati. Infatti, pensateci un attimo, un utente che visita un sito porno e si sofferma su di un'immagine sessuale va a guardare ben altro che il gomito della donna!

Lo stesso discorso vale per le immagini sportive. I punti oggetto di operazioni steganografiche sono stati gli elementi marginali del pubblico che assiste ad un evento sportivo, certi del fatto che chi guarda un'immagine di un'azione di gioco si sofferma sulla sua essenza e non va certo a guardare con attenzione qualcosa inserita nel pubblico o a margine della foto.

Accertato dunque il forte utilizzo in ambito crittografico e steganografico, l'FBI ha chiesto a gran voce che i programmi di crittazione fossero provvisti di una chiave universale che potesse consentire, previa l'autorizzazione di un giudice, di decifrare un messaggio criptato nel caso in cui fosse in gioco la sicurezza nazionale.

Su questo argomento il dibattito negli Usa è ancora aperto, specialmente dopo la decisione dell'amministrazione americana di abolire di fatto il diritto alla privacy per quanto riguarda le e-mail e Internet. Basta, infatti, che le autorità investigative informino il magistrato che le indagini rientrano in un caso di sospetto terrorismo per avere accesso indiscriminato a destinatari e mittenti di tutte le e-mail.

Il 13 settembre, due giorni dopo gli attentati, il Senato degli Stati Uniti ha approvato il "Combacting Terrorism Act of 2001", una legge speciale promossa dal repubblicano Orrin Hatch e dalla democratica Dianne Feistein. Il provvedimento prevede che ogni procuratore possa ordinare l'installazione di Carnivore presso i provider. Carnivore è un sistema messo a punto dall'FBI in grado di monitorare le comunicazioni elettroniche che avvengono nella rete di un dato Internet Service Provider (ISP).

Si sono iniziati dunque a prendere seriamente in considerazione le tecniche elusive della comunicazione e a studiare eventuali contromisure.

Dopo essere stata utilizzata anche durante la seconda guerra mondiale, oggi, come rivela il New York Times in un lungo servizio di poco tempo fa, conosce una fortuna perlomeno sospetta. "*Negli ultimi due anni il numero di programmi per la steganografia disponibili su Internet*", dà l'allarme Neil F. Johnson, un esperto che insegna alla George Mason University, "*è raddoppiato, arrivando a 140 e oltre*".

E se questo dato non bastasse, inquieta ancora di più il boom del loro download: "*Facendo un rapido censimento tra i produttori di queste applicazioni*", racconta Chet Hosmer, presidente della newyorkese WetStone, "*pare che i download abbiano superato un milione di unità*". In molti possono anche aver voluto questi programmi solo per fare degli scherzi o per comunicare in maniera cifrata con l'amata, ma la crescita, assieme alla recente recrudescenza del terrorismo internazionale, mettono comunque sull'avviso.

E non si tratta solo di supposizioni. C'è la pista di Jamal Beghal, il leader del commando che stava preparando un attentato all'ambasciata americana di Parigi, che suggerisce indizi inquietanti: l'uomo, addestrato in Afghanistan dove aveva incontrato un luogotenente di Bin Laden, aveva istruito il suo gruppo affinché tutte le comunicazioni interne fossero perpetrate attraverso immagini "ritoccate" e pubblicate sulla Rete.

Capire il terrorismo oggi, dunque, significa comprendere come i principali movimenti terroristici utilizzano Internet. Le notizie che leggiamo giornalmente riportano sempre l'ultimo anello della catena terroristica. Ossia un video su un sito, una rivendicazione su un forum, un sito terroristico che invia minacce. Non si entra però mai nel merito dei vari dettagli su come, per esempio, un comunicato arrivi materialmente su Internet, come la presenza di un video o comunicato venga promossa on line.

Cerchiamo allora di fare un po' di chiarezza.

Partiamo dalla considerazione che una volta che il file (video, audio, testo) è pronto deve essere fisicamente caricato sul Web.

Come i terroristi caricano un file su Internet?

In sostanza si tratta di trasferire un file da un PC "in locale", su un server pubblicamente visibile da qualunque PC connesso in rete.

Si tratta di un'operazione rapida e banale, ma comunque non effettuabile da un neofita, che si effettua tramite il protocollo FTP (File Transfer Protocol), usando un apposito software, oppure anche solo via browser tramite sistemi di CMS (Content Management System).

In questo secondo caso, però, vorrebbe dire che i gestori dei siti terroristici hanno un pannello di controllo on line da cui gestiscono la pubblicazione dei contenuti dei siti. E allora significherebbe che online esistono migliaia di pagine Web di amministrazione (../admin.php !) a cui i webmaster terroristici accedono per fare login e pubblicazione, che potrebbero ovviamente essere individuate.

È francamente assai improbabile, ma è comunque un'ipotesi. Per altro questo passaggio, utilizzando le reti di file sharing, non è necessario; il file infatti rimane sul proprio PC ma viene condiviso con altri utenti collegati al network.

Questo però implica il fatto di lasciare un PC connesso a una rete (ovviamente impraticabile per un'organizzazione terroristica), oppure di posizionarlo su un PC i cui dati sono condivisi in uno o più circuiti di file sharing.

Lo svantaggio di questa soluzione è che, mentre tutti navigano in Rete, ed è sufficiente un browser come Internet Explorer, al contrario, per scaricare un file via *peer to peer*, serve un software apposito (WinMX, Kazaa, BitTorrent, ecc.) che non tutti hanno.

Dove vengono caricati i file dei terroristi?

Su questo punto è fondamentale fare una netta distinzione, sulle diverse tipologie di siti in circolazione, che possiamo suddividere in 3 gruppi:

Siti (o meglio, indirizzi Internet) in cui sono fisicamente allocati i file; necessitano di uno spazio sul server ospitante che fisicamente ospiti il file (" hosting");

Siti che ospitano forum di discussione (su cui sono presenti solamente dei messaggi che linkano ai file);

Siti di propaganda, utilizzati per il reclutamento ed informazione.

Si finisce così per definire terrorista un semplice forum di discussione, sul quale magari è semplicemente riportato un link ad un altro sito che contiene il file.

A prescindere dalla legalità e dalle eventuali connessioni che i forum di discussione e i siti di informazione possono avere con le organizzazioni terroristiche, (aspetti questi tutti da valutare e caso per caso), queste tipologie di siti non includono di solito alcun file terroristico e si limitano a richiamare quanto ospitato su altri siti.

Concentriamoci allora sul primo tipo (indirizzi Internet su cui risiede il file) che racchiude a sua volta 2 sottocategorie principali:

- Hosting gratuito su provider consapevoli/inconsapevoli

- Hosting su siti zombie

La prima soluzione è la più semplice.

Per caricare un file sul Web è sufficiente aprire uno spazio gratuito presso uno dei tanti provider che lo offre e si caricano i file.

I provider che offrono spazio free attivabile indicando una semplice e-mail (che a sua volta può essere creato gratis e in modo anonimo), sono moltissimi in tutto il mondo.

Dopo aver attivato il proprio spazio, ci si collega al sito e si fa l'upload del file. L'aspetto paradossale è che il paese che sembra ospitare il maggior numero di siti terroristici risulta essere proprio l'America.

L'ovvia conseguenza di questa soluzione "free" è che, non appena il provider viene avvertito della presenza sulle proprie macchine di materiale a sfondo terroristico, provvederà a rimuoverlo dalle proprie macchine e chiudere l'account del terrorista di turno.

Quindi, molti di questi indirizzi nascono e muoiono in un tempo rapidissimo; anche perché un provider con pochi utenti potrebbe accorgersi subito del tipo di materiale caricato e cancellarlo prima che diventi di dominio pubblico.

Proprio per evitare la repentina chiusura del sito, con conseguente indisponibilità dei file, le organizzazioni hanno iniziato a metter in piedi provider fittizi o consenzienti che naturalmente non chiuderanno i siti e lasceranno i file disponibili.

Un esempio di cui si discute da tempo riguarda il provider Everyone's Internet Inc., con sede a Houston in Texas, titolare del dominio www.hostinganime.com che abbiamo già citato. E' su questo indirizzo, infatti, che sono stati inseriti la maggior parte degli ultimi documenti dei terroristi islamici.

Dal momento in cui un terrorista si collega, per poter navigare in rete, caricare file sul server del provider e per ogni altra azione, deve necessariamente avere un indirizzo IP, ossia una sequenza numerica che viene assegnata univocamente, in genere dal provider, a ogni computer o periferica che deve collegarsi in rete.

L'indirizzo IP è quello usato, ad esempio, dalla Polizia Postale per rintracciare gli utenti che scaricano file coperti da diritto d'autore; in pratica l'Autorità preposta richiede al provider che fornisce la connessione di "risolvere" un indirizzo IP, ossia comunicare i dati dell'utente associato a un certo indirizzo IP per poterlo rintracciare.

Nel caso dei terroristi però il problema, si sostiene, si complica perché è possibile, tramite appositi software, mascherare, nascondere o alterare il proprio indirizzo IP e crittografare le proprie comunicazioni.

Un'altra tecnica di anonimato può semplicemente consistere nel non caricare direttamente i file.

In sostanza si invia per posta dall'altra parte del mondo un CD contenente i dati a qualcuno, a conoscenza o meno del contenuto, che esegue l'upload del materiale, ad esempio da un Internet Cafè degli Stati Uniti.

In aggiunta, un esperto capace è in grado di manipolare direttamente le centrali telefoniche, così da sviare completamente un'indagine.

La Rete, inoltre, ha una struttura estremamente aperta come propria architettura, che non richiede una particolare autenticazione per accedervi o per inviare una e-mail; questo contribuisce a rendere particolarmente complicato un cyber pedinamento.

Infine, è indubbio che tutte le principali organizzazioni terroristiche abbiano acquisito negli anni, dalle nazioni più evolute, oltre la tecnologia militare anche il know-how relativo all'ICT.

Ulteriori nozioni, inoltre, sono spesso presenti sulla rete. Pensiamo per esempio al software di monitoraggio Carnivore che è stato più volte esaminato per scoprirne le lacune.

Dopo aver caricato un video o un comunicato sul Web, non resta che promuoverlo, il che rappresenta la parte tecnicamente più semplice del processo.

Oltre ai classici comunicati indirizzati ai principali media, viene fatto un uso sempre più frequente di "rivelazioni" o anteprime, pubblicate sui principali forum di discussione online.

Su questo punto mi sembra importante sottolineare diverse possibilità:

-   la notizia viene data offline ad uno degli iscritti al forum e questi provvede a inserire un post (l'utente è quindi in contatto con l'organizzazione) con il link all'indirizzo che contiene il file;

-   la notizia viene comunicata on line, usando un istant messenger, una e-mail, un forum o qualunque luogo virtuale "convenuto", e il ricevente provvede a inserire un post (anche in questo caso l'utente è in contatto con l'organizzazione);

- la notizia è caricata direttamente da un membro dell'organizzazione il quale crea un account fittizio sul forum prescelto e pubblica il messaggio (ipotesi che ritengo quanto meno azzardata).

In ogni caso è importante ricordare un concetto che a volte sfugge ai neofiti del Web: in Rete una notizia non si propaga in modo autonomo. Questo significa che dopo aver messo un video su un sito Web, in un indirizzo nuovo, nessuno ne può essere a conoscenza (se non per caso o perché ne viene informato).

Come gli esperti di Web marketing ben sanno, per portare utenti su un sito bisogna opportunamente avvisarli.

Ne consegue che chi su un forum per primo dà la notizia dell'esistenza di un nuovo video su un indirizzo Web ben preciso (e non usato in precedenza), ne deve avere avuto notizia da qualcuno a conoscenza dei fatti; e poiché molti forum richiedono registrazione, si tratta di un utente che per quanto anonimo, ha un profilo monitorabile e quindi individuabile (a maggior ragione se visita più volte lo stesso forum).

Un'altra soluzione "promozionale" utilizzata è quella di creare siti ufficiali, con una stabile presenza in rete, che al momento opportuno possano fare da cassa di risonanza per le notizie. In linea con questa scelta vi è l'impiego del Web, inteso non solo come mezzo per terrorizzare l'opinione pubblica ed ottenere attenzione dai media, ma anche come strumento per organizzare i propri supporters e coinvolgerne di nuovi.

La conclusione di tutto questo discorso è che Internet è diventato il medium preferito dalle organizzazioni terroristiche.

La comprensione del fenomeno e dei suoi futuri sviluppi richiederà una conoscenza approfondita del Web e di tutti gli strumenti tecnologici disponibili.

Anche se l'utilizzo di tecniche di cyber terrorismo ha messo in luce un uso distorto della Rete, però, proprio la digitalizzazione del terrorismo offre la possibilità, qualora vengano utilizzate correttamente le tecnologie a disposizione, di individuare più facilmente i responsabili.

4. La Steganografia moderna[14]

Affrontiamo ora gli elementi sostanziali della steganografia moderna, analizzando gli aspetti peculiari delle varie tecniche utilizzate le quali costituiscono la base fondamentale del funzionamento dei vari software steganografici, il cui utilizzo sarà spiegato in dettaglio nel prossimo capitolo.

---

[14] - Anderson Ross J.,Petitcolas Fabien A.P "On the Limits of Steganography", 1998.ISSN 0733-8716
-"Data formats and compression Wav format"
http://ibis.nott.ac.uk/guidelines/ch62/chap6-2.html
- "Mpeg Audio Layer 3" http://www.iis.fhg.de/amm/techinf/layer3/
- "Occultamento di testi in immagini digitalizzati"
http://www.nemesi.net/stegano.htm
- "Steganography" http://www.jjtc.com/stegdoc/index2.html
- "The graphic file formats page Bmp formatGif format"
http://www.dcs.ed.ac.uk/~mxr/gfx/
- http://www.mibmagazine.it/article.php?id=30 di Darkwolf - 03.03.2004
- http://www.dia.unisa.it/
- Livraghi G., Cenni di storia dei sistemi di informazione e di comunicazione in Italia, Terzo rapporto del Censis sulla comunicazione, marzo 2004, reperibile sull'URL http://gandalf.it
- Manovich L., Il linguaggio dei nuovi media, Edizioni Olivares, Milano,2001.

4.1 La steganografia moderna e la digitalizzazione dei nuovi media

Per meglio comprendere le tematiche inerenti alla steganografia moderna, non possiamo esimerci dal parlare del contesto che ospita le tecniche moderne di steganografia. Mi riferisco ai media digitali, naturale evoluzione dei vecchi media analogici che, grazie allo sviluppo tecnologico ed all'uso sistematico del computer, hanno consentito un evidente salto di qualità nella gestione e nella fruizione dei media.

Quando parliamo dei media, o meglio ancora dei mass media, ci riferiamo ai mezzi di comunicazione di massa, ovvero a quegli strumenti attraverso i quali è possibile trasferire informazioni verso una pluralità di destinatari indistinti. Ci riferiamo nello specifico alla stampa, cinema, radio, televisione, ma può essere considerato un medium anche il telefono o un semplice pezzo di carta su cui vi sia scritto un messaggio.

Sebbene questi media, definiti vecchi media o media analogici, non siano da considerare strumenti di comunicazione nel senso puro del termine, volendo però forzare la mano potremmo definirla una comunicazione del tipo uno-a-molti e quindi unidirezionale, anche se, in molti casi, è possibile che il ricevente della comunicazione abbia la possibilità di effettuare un feedback, attraverso per esempio una lettera di commento ad un articolo di un giornale. In quest'ultimo caso ci troveremmo di fronte alla comunicazione vera e propria del tipo bi-direzionale, ossia, il mittente ed il destinatario interagiscono tra loro ed entrambi ricoprono le vesti sia di emittente che di ricevente la comunicazione, come succede per i nuovi media e soprattutto come avviene attraverso la comunicazione multimediale di Internet.

L'avvento del Web, infatti, ha segnato l'inizio di un'era in cui ogni individuo ha la possibilità di esporre il proprio pensiero, divulgare informazioni e comunicare, interagire con i mass media.

Ma entriamo nello specifico dei media analogici.

Il primo strumento di comunicazione di massa e d'interazione dell'uomo all'interno di una comunità, in epoca preistorica, è stato indubbiamente il suo stesso corpo in grado di esprimersi attraverso gesti e suoni. La pietra poi, con cui lo stesso uomo disegnava i graffiti, può essere considerata il suo primo medium esterno.

In seguito, la tradizione orale delle conoscenze tramandate di padre in figlio avviò un processo evolutivo che portò a definire come media fondamentali tre principali veicoli d'informazione: il testo scritto, le immagini, i suoni.

È interessante notare come questi tre media, nel corso evolutivo della storia, siano rimasti sempre attuali e invariati dal punto di vista concettuale. Infatti, se consideriamo il testo scritto, l'uomo ha sempre acquisito le sue conoscenze e gestito la comunicazione proprio attraverso i testi scritti; pensiamo ai papiri antichi, oppure ai vecchi codici medioevali, ai testi stampati, sino ad arrivare ai nostri libri. Stesso discorso vale per le immagini, dai primi graffiti sino alla fotografia moderna, che hanno sempre rappresentato una forma di trasmissione di informazioni proprio attraverso la loro iconicità ed il valore semantico a loro attribuito.

I suoni infine, memorizzati sullo spartito mediante uno specifico linguaggio, oggi sono registrabili su supporti sia magnetici sia ottici e la loro funzione comunicativa resta intatta.

Per arrivare però a parlare di comunicazione di massa come la intendiamo oggi, bisogna arrivare nel periodo tra il XIX e il XX secolo dove lo sviluppo e l'espansione capillare dei mass media, un po' come è successo per la comunicazione in genere, hanno seguito di pari passo il progresso scientifico e tecnologico. I media infatti, oltre ad essere mezzi per veicolare le informazioni, sono anche oggetti tecnologici con i quali l'utente può interagire. In pratica, la spinta della tecnologia ha consentito la riproduzione di materiali informativi in gran quantità e a basso costo. Le tecnologie di riproduzione fisica, come la stampa, l'incisione di dischi musicali e la riproduzione di pellicole cinematografiche, hanno consentito la riproduzione di libri, giornali e film a basso prezzo e destinati ad un ampio pubblico.

Per la prima volta la televisione e la radio hanno fatto sì che si attuasse la riproduzione elettronica di informazione. Tutto ciò perché, alle origini, i mass media erano basati su quella che era definita "l'economia della replicazione lineare", modello economico valido tutt'oggi, che dice che un'opera procura denaro in modo proporzionale al numero di copie vendute, ossia, al crescere del volume di produzione i costi unitari decrescono, incrementando ulteriormente i margini di profitto. Sulla base di questo principio e sull'onda dell'evoluzione tecnologica, i mass media furono i fautori di grandi successi e fortune degli imprenditori dell'epoca.

Ma i vecchi media non sono solo stati legati ad economie di mercato, ma hanno avuto anche implicazioni di tipo politico. Nel corso del tempo, infatti, si è diffusa l'idea, più che legittima, che in una società democratica, affinché la democrazia possa dirsi completa, debbano essere presenti dei mezzi d'informazione indipendenti in grado di tenere informati i cittadini su argomenti riguardanti lo Stato e su tutto ciò che lo riguarda.

Secondo quest'ottica, nell'ambito del principio fondante delle democrazie liberali, in altre parole la separazione dei poteri, oltre all'esecutivo, al giuridico e al legislativo, il ruolo dei media come fonti di informazione per i cittadini andrebbe considerato come un "quarto potere" da rendere autonomo rispetto agli altri. Per questi motivi alcuni credono che il più grande rischio per la democrazia sia la concentrazione della proprietà dei media. In particolare, al giorno d'oggi, sono le televisioni la principale fonte informativa, perché solo una ridotta minoranza di persone legge libri e giornali e solo da poco si sta assistendo al boom del Web come fonte di informazioni, sebbene permanga il problema dell'attendibilità delle fonti Internet. Quindi, alle TV va posta particolare attenzione.

Alcuni paesi, come la Spagna nel 2005, hanno avviato riforme rivolte a rendere indipendenti le televisioni pubbliche dai controlli politici, mentre altri, come l'Italia, hanno una TV pubblica che è fortemente condizionata dalle maggioranze politiche che di volta in volta si affermano alle elezioni; per non parlare poi di quelle private. Ma non è questa la sede adatta per disquisire dei rapporti politica-televisione. Torniamo allora ai rapporti media-steganografia.

Abbiamo fatto sinora una panoramica dei media analogici. Quando parliamo invece di media digitali, ci riferiamo a quei mezzi di comunicazione di massa che si sono sviluppati posteriormente alla nascita dell'informatica e, comunque, in correlazione ad essa. Essendo ormai radicato l'uso del termine "medium" come singolare della parola "media" per indicare i mezzi di comunicazione di massa, tali strumenti digitali vengono definiti "nuovi media" nella misura in cui vengono usati come mezzi di comunicazione di massa del tipo uno-a-molti, o comunque su larga scala. L'interattività offerta dalle applicazioni Web consente una tipologia di comunicazione propria degli stessi nuovi media, ovvero, oltre alle interazioni del tipo uno-a-uno e uno-a-molti, consente addirittura un tipo di comunicazione molti-a-molti. La comunicazione digitale consente, infatti, una simultaneità inter cognitiva delle esperienze collettive.

Quando parliamo dunque di nuovi media ci riferiamo sostanzialmente a Internet, ai siti Web, ai computer multimediali, videogiochi, CD-ROM, DVD, la realtà virtuale. Ma ci riferiamo anche, per esempio, a quei programmi televisivi realizzati con tecnica digitale ed editati sulle workstation, oppure a quei film che utilizzano l'animazione tridimensionale e la composizione digitale. Sono inoltre da considerare nuovi media le fotografie digitali, i file sonori e tutti quei media analogici, in definitiva, che sono stati soggetti a conversione digitale.

Vediamo ora come sono nati i nuovi media.

Come abbiamo avuto modo di constatare, i nuovi media devono la loro nascita all'evoluzione dei sistemi informatici. La storia dell'informatica è lunga e risale ai primi esperimenti di macchine da calcolo del XIX secolo. Queste invenzioni hanno seguito a lungo un andamento parallelo, senza mai incrociarsi.

Per tutto il XIX secolo e nella prima parte del XX vennero messi a punto numerosi tabulatori e calcolatori, sia meccanici che elettrici, sempre più veloci e diffusi. Contemporaneamente, assistiamo all'ascesa dei media moderni, che consentono l'archiviazione di immagini, sequenze di immagini, suoni e testi su diversi supporti, lastre fotografiche, pellicole cinematografiche, dischi, etc.

Alla fine dell'Ottocento i media moderni ebbero un'ulteriore evoluzione quando si passò dalle immagini statiche alle immagini in movimento. Ma l'anno chiave della storia dei media e dei computer è sicuramente il 1936. In quell'anno il matematico inglese Alan Turing teorizzava un computer ad uso generale che avrebbe poi preso il nome dal suo inventore: "*La macchina universale di Turing*".

Pur svolgendo solo quattro operazioni, quella macchina compieva tutti i calcoli di cui era capace un essere umano e imitava qualunque altra macchina da calcolo. Operava leggendo e scrivendo numeri su un nastro continuo e, ad ogni operazione, il nastro avanzava per eseguire il comando successivo che consisteva nel leggere i dati e scrivere il risultato.

Una strana coincidenza, premonitrice del futuro rapporto tra media e computer, era che il suo diagramma di funzionamento ricordava singolarmente quello di un proiettore.

L'evoluzione storica dei media e dell'informatica s'intrecciò ancora di più quando l'ingegnere tedesco Konrad Zuse cominciò a costruire un computer nel soggiorno di casa dei suoi genitori. Quello realizzato da Zuse fu il primo computer digitale. Una delle sue innovazioni era l'uso del nastro perforato per il controllo dei programmi. In realtà, il nastro era una pellicola cinematografica di scarto da 35 mm, altro punto d'incontro tra media e computer.

Finalmente le due traiettorie storiche separate s'incontrano. I media e il computer si fondono. Tutti i media preesistenti vengono tradotti in dati numerici accessibili dal computer. Ed ecco il risultato: grafici, immagini in movimento, suoni, forme, spazi e testi diventano computabili, diventano, cioè, degli insiemi di dati informatici. In sintesi, i media diventano "i nuovi media".

Una volta approfondito i concetti più comuni di entrambi i media, possiamo trarne le conclusioni inerenti alle loro differenze. Sarà altresì un'occasione per riepilogare quanto detto sinora a proposito dell'essenza strutturale dei vecchi e nuovi media.

- I nuovi media non sono altro che i media analogici convertiti in forma digitale. Diversamente dal medium analogico, che è continuo, il medium a codifica digitale è discreto, o discontinuo.

- Tutti i media digitali hanno in comune lo stesso codice digitale. Ciò consente di riprodurre vari tipi di media usando una sola macchina, il computer, che funge da lettore multimediale.

- I nuovi media consentono l'accesso RANDOM ai dati, diversamente dai media analogici, quali per esempio le videocassette, che immagazzinano i dati in forma sequenziale per cui la lettura degli stessi deve essere fatta necessariamente in maniera sequenziale, e quindi più lenta nella ricerca dei dati.

- La digitalizzazione dei dati comporta, a volte, un'inevitabile perdita di dati, soprattutto a seguito di compressione dei dati stessi.

- A differenza dei media analogici, con i quali ogni copia successiva presenta una qualità inferiore, pensiamo alla scarsa qualità di un film dopo che è stato copiato per l'ennesima volta dalla videocassetta originale, i media digitali si possono copiare all'infinito senza alcuna perdita qualitativa.

- Uno dei pregi maggiori della digitalizzazione dei media è che li rende interattivi. Diversamente dai vecchi media, in cui l'ordine di rappresentazione è fisso, oggi l'utente può interagire con un oggetto mediale scegliendo gli elementi da visualizzare, i percorsi da seguire, generare output personalizzati, diventando così, in qualche modo, coautore dell'opera.

Ma come s'inserisce la steganografia in questo contesto?

Partiamo intanto con l'asserire che tutti i nuovi media, dal momento che sono creati *ex novo* sul computer o convertiti da fonti analogiche, sono composti da un codice digitale; sono quindi rappresentazioni numeriche. Ciò comporta due conseguenze principali, ossia, un nuovo mezzo di comunicazione si può descrivere in termini formali, e quindi matematici, ciò equivale a dire che, per esempio, un'immagine può essere descritta attraverso una funzione matematica; inoltre, un nuovo mezzo di comunicazione è soggetto a manipolazione algoritmica in grado, ad esempio, di migliorare automaticamente le condizioni di risoluzione grafica di una fotografia digitale. In sostanza, i media diventano programmabili.

La conversione da analogico a digitale, e quindi la conseguente rappresentazione numerica dei cosiddetti dati "continui" dei media analogici che diventano "discontinui", prende il nome di "digitalizzazione" che, a sua volta, si articola in due fasi: il campionamento spaziale e la quantizzazione cromatica.

Il campionamento spaziale consiste nella suddivisione della superficie dell'immagine in un determinato numero di rettangoli, chiamati pixel (picture element), che determinano la risoluzione spaziale, misurata in punti per pollice (DPI). Dopo aver scelto un'opportuna griglia di campionamento, è necessario assegnare a ciascun pixel uno o più valori numerici che ne definiscono il colore. Tale operazione è nota con il termine di quantizzazione cromatica. In definitiva, un media analogico, una volta trasformato in digitale, è rappresentato numericamente, ossia, mentre quello che vediamo di una foto è solo la crosta superficiale della risoluzione grafica, ciò che c'è sotto non è altro che una serie di stringhe di bit espresse in codice binario.

La steganografia moderna, dunque, si inserisce proprio nella fase della digitalizzazione dei media, andando ad operare nella codificazione dei loro piccoli elementi costitutivi.

Vediamo come, nei seguenti paragrafi.

4.2 I modelli steganografici

Oggigiorno la steganografia, come anche la crittografia, ha avuto un notevole impulso dovuto al progresso tecnologico ed in particolar modo all'invenzione dei computer. Il passato che ne relegava l'utilizzo ad episodi saltuari ed in ambiti esclusivamente militari, ha ceduto il posto all'era dell'informazione che l'ha scaraventata quasi a contatto con la quotidianità.

La steganografia trova oggi spazio nella tutela della privacy, dei diritti intellettuali e alcune volte anche nel mondo dell'informazione di massa. Essa è espressa, nella quasi totalità dei casi, con tecniche digitali, rimanendo tuttavia concettualmente identica a quella che costituiva gli esempi del passato.

Lo schema logico che sta alla base di una qualsiasi tecnica steganografica presenta tre elementi fondamentali:

- Il messaggio segreto che si desidera trasmettere (si suppone una stringa di bit)

- Il messaggio contenitore, ovvero un messaggio all'interno del quale nascondere il messaggio segreto

- L'algoritmo steganografico utilizzato.

I principi che stanno alla base dei software steganografici sono sempre gli stessi. Tuttavia esistono diversi approcci che fanno individuare varie famiglie di software, che vedremo in dettaglio nel capitolo 5.

L'essenza della steganografia, dunque, risiede nel nascondere il messaggio segreto all'interno del contenitore tramite l'algoritmo steganografico, in modo quanto più possibile latente, al fine di rendere praticamente indistinguibile il contenitore originale da un contenitore che presenta un'informazione nascosta.

La scelta di tale contenitore, anche se non esplicitamente prevista da un determinato metodo, va affrontata in maniera razionale, sia per quanto riguarda l'aspetto tecnico che umano. Caratteristica principale è il suo significato che deve essere il più possibile disgiunto dal significato dell'informazione segreta da trasmettere; ancora, è preferibile che tale messaggio sia di scarsa o nulla rilevanza per coloro che eventualmente possano venirne a conoscenza.

Come si è detto, infatti, lo scopo principale della steganografia non è tanto rendere un'informazione illeggibile o indecifrabile da un eventuale intruso, quanto fare in modo che egli non sia nemmeno consapevole dell'esistenza di una qualche rilevante comunicazione.

Più in generale, nella scelta del contenitore, esistono due fondamentali obiettivi, apparentemente opposti, che è necessario perseguire. Ossia, il contenitore deve essere il più possibile generico, in altre parole, deve mescolarsi e confondersi nella massa di messaggi e comunicazioni che il mezzo può ospitare; contemporaneamente esso non deve essere troppo diffuso, è fondamentale infatti evitare assolutamente che un intruso abbia modo di possedere una copia non alterata del contenitore (ottenuto magari per ragioni di fama o eccessiva diffusione), in tal caso sarebbe semplice verificarne le differenze introdotte con la steganografia. Come per le chiavi nella crittografia, è consigliabile non riutilizzare lo stesso contenitore più volte e, soprattutto, distruggere quelli già usati in una passata sessione.

La steganografia inoltre, pur essendo fortemente legata all'algoritmo utilizzato, necessita ad un certo livello l'auto-imposizione del principio di Kerckhoff che, adottato dalla crittografia, afferma che la sicurezza di una determinata tecnica non deve risiedere nell'algoritmo usato (che si suppone addirittura conosciuto nei minimi dettagli da un intruso), bensì nella chiave di decifrazione.

A causa delle discusse problematiche relative a tale principio, parlando di chiavi, è necessario ricorrere alla crittografia la quale, in questo caso, presenta un punto d'incontro e fusione con le tecniche steganografiche. Le variazioni del contenitore introdotte dalla steganografia, infatti, seppur impercettibili, devono apparentemente risultare, anche ad un'attenta analisi, semplici discrepanze dovute al caso; questo impone che tali modifiche debbano sembrare del tutto casuali ed incomprensibili.

Per ottenere il suddetto risultato ci si avvale di un algoritmo crittografico codificando il messaggio originale in modo che la sequenza di bit da iniettare nel contenitore appaia del tutto casuale.

Com'è possibile dunque evincere in questo caso, tutta la sicurezza della tecnica usata si sposta sulla chiave; un eventuale intruso dovrà, supponendo siano noti l'algoritmo steganografico e quello crittografico usati, trovare la chiave da applicare al rumore prima di poter anche solo sapere se tali discrepanze sono effettivamente informazioni steganografate o semplici disturbi intrinseci. Tramite la fusione di steganografia e crittografia si ottiene la congruenza con il principio di Kerckhoff, che può rendere abbastanza sicure anche tecniche steganografiche semplici come quelle applicate ai bitmap che vedremo in seguito.

Prima di addentrarci nella parte tecnica, è necessario però chiarire le basi concettuali della materia trattata, in particolare risulta fondamentale far luce sull'esatto fine della steganografia e sui soggetti sopra descritti.

Iniziamo col dire che in base all'origine del file contenitore, possiamo distinguere software di steganografia iniettiva e software di steganografia generativa.

La prima categoria è senz'altro la più numerosa. I software di questo tipo consentono di "iniettare" il messaggio segreto all'interno di un messaggio contenitore già esistente, modificandolo in modo tale sia da contenere il messaggio sia da risultare, al livello al quale viene percepito dai sensi umani, praticamente indistinguibile dall'originale.

Nei software di tipo generativo, invece, si parte dal messaggio segreto per produrre un opportuno contenitore atto a nascondere nel migliore dei modi quel determinato messaggio segreto.

Secondo un diverso sistema di classificazione, le tecniche steganografiche possono essere ripartite in tre classi: *steganografia sostitutiva, steganografia selettiva* e *steganografia costruttiva.*

Vediamole nel dettaglio.

4.2.1 Steganografia Sostitutiva

È senz'altro la tecnica steganografica più diffusa, tanto che spesso quando si parla di steganografia ci si riferisce implicitamente a quella di questo tipo. Alla base di questa tecnica c'è un'osservazione: la maggior parte dei canali di comunicazione (linee telefoniche, trasmissioni radio, etc.) trasmettono segnali che sono sempre accompagnati da qualche tipo di rumore o disturbo. In genere è definito rumore quel fruscio di sottofondo che sentiamo in audio, oppure il classico effetto neve di alcune immagini.

Questo rumore può essere sostituito da un segnale, il messaggio segreto, che è stato trasformato in modo tale che, a meno di conoscere una chiave segreta, è indistinguibile dal rumore vero e proprio, e quindi può essere trasmesso senza destare sospetti.

Quasi tutti i programmi si basano su quest'idea, sfruttando la grande diffusione di file contenenti una codifica digitale di immagini, animazioni e suoni; spesso questi file sono ottenuti da un processo di conversione analogico/digitale e contengono qualche tipo di rumore. Per esempio, uno scanner può essere visto come uno strumento di misura più o meno preciso.

Un'immagine prodotta da uno scanner, da questo punto di vista, è il risultato di una specifica misura e come tale è soggetta ad essere affetta da errore. Lo stesso discorso si può fare analogamente per un file sonoro che evidentemente è stato acquisito tramite una scheda sonora.

La tecnica impiegata nella maggior parte dei programmi è concettualmente molto semplice: sostituire i bit meno significativi dei file digitalizzati con i bit che costituiscono il file segreto (i bit meno significativi, infatti, corrispondono ai valori meno significativi, importanti ed evidenti di una misura, cioè proprio quelli che possono essere facilmente affetti da errore).

Quello che succede quindi è che il file contenitore risultante, dopo un'iniezione steganografica, si presenta in tutto e per tutto simile all'originale, con differenze difficilmente percettibili e quindi, a meno di confronti approfonditi con il file originale (comunque non effettuabili ad occhio nudo) è difficile dire se le eventuali perdite di qualità siano da imputare al rumore od alla presenza di un messaggio segreto steganografato. Inoltre, il più delle volte il file originale non è disponibile e quindi effettuare questo confronto è pressoché impossibile.

Per quanto riguarda il discorso sicurezza, generalmente tutte le norme che valgono per i programmi di crittografia dovrebbero essere utilizzate per i programmi steganografici. Ci sono comunque dei semplici principi a cui attenersi. Innanzi tutto non bisogna mai usare file pubblici o facilmente accessibili, quindi noti, perché ciò darebbe più possibilità all'attaccante di scorgere la presenza di un messaggio steganografato. Inoltre, non bisogna mai usare più volte lo stesso file come contenitore (l'ideale sarebbe generarne ogni volta uno nuovo mediante scanner (nel caso di un file grafico) o convertitore analogico/digitale (nel caso di un file sonoro) e distruggere gli originali dopo averli usati).

Tuttavia, il principale difetto della steganografia sostitutiva è che le sostituzioni possono alterare le caratteristiche statistiche del rumore nel media utilizzato. Se il nemico, infatti, possiede un modello del rumore, può utilizzarlo per testare se i file sono conformi al modello; se non lo sono probabilmente si è in presenza di un messaggio steganografato. Il problema di questo tipo di attacco, però, sta nella difficoltà di costruire un modello che tenga conto di tutti i possibili errori o rumori. In casi molto specifici, comunque, questo tipo di attacco ha avuto buon successo e la steganografia selettiva e costruttiva hanno proprio lo scopo di evitarlo.

È giunto ora il momento di vedere qualche esempio di steganografia sostitutiva per comprenderne appieno le teorie espresse sin qui.

4.2.1.1 Steganografia sostitutiva nei file immagine BMP

Supponiamo di voler utilizzare come contenitore un file di tipo bitmap con una profondità di colore a 24 bit (2^{24} = 16777216 colori possibili).

Un'immagine, dal punto di vista digitale, non è altro che una matrice MxN di piccoli punti colorati detti pixel. Un file grafico di tipo bitmap a 24 bit è codificato in modalità RGB, pixel per pixel. Questo significa che ogni singolo pixel viene codificato tramite 3 byte in sequenza, ognuno dei quali rappresenta i livelli (da 0 a 255) dei colori primari, cioè rosso (Red), verde (Green) e blu (Blue) che costituiscono il colore di quel determinato pixel e che opportunamente mescolati tra di loro danno vita ai 16 milioni di colori possibili in un bitmap a 24 bit.

Questo significa anche che, per fare un esempio, un file bitmap a 24 bit di dimensioni 640x480 occuperà uno spazio di 640x480x3=921600 byte.

Un'operazione di steganografia sostitutiva su questi tipi di file consiste nel sostituire i bit meno significativi dei singoli byte con quelli del messaggio segreto.

In altre parole, se ad esempio abbiamo un pixel codificato in questo modo:

11100001   00000100   00010111

possiamo inserire tre bit del messaggio segreto.

Se, ad esempio, i bit del messaggio segreto sono 110, il nostro pixel diventerà il seguente:

11100001   00000101   00010110

Come abbiamo potuto vedere in questo esempio, le operazioni che si fanno su ogni singolo byte possono essere tre:

1) Lo si lascia invariato

2) Gli si aggiunge 1

3) Gli si sottrae 1

Questo fa sì che ad occhio nudo le variazioni di colore siano praticamente impercettibili.

Ma com'è possibile che la sostituzione di alcuni bit non influisca sulla qualità dell'immagine e, soprattutto, non siano percettibili le variazioni effettuate?

Il bitmap a 24 bit appena considerato, abbiamo detto che è composto da 3 serie di 8 bit, che rappresentano ciascuno dei 3 colori primari RGB, e ne codificano i pixel. Questo vuol dire che se noi consideriamo per esempio solo il blue, esso avrà 2^8 differenti tipi di blue, ovvero 256 tipi di blue possibili e applicabili nell'ambito dello stesso pixel. Siccome la saturazione del blue, o di qualsiasi altro colore, nella sua espressione che varia da 0 a 255 è pressoché identica a occhio nudo, avere un pixel codificato per esempio come 150 è praticamente la stessa cosa che averlo a 200, vista in termini di risoluzione grafica, perché la differenza è impercettibile a occhio nudo ed anche a seguito di ingrandimenti.

Se dunque andiamo a modificare il bit meno significativo di un pixel del blu, per esempio andando a sostituire 11111111 con 11111110, o andando a sostituire il blue 150 con il 200, non avremo alcuna differenza intercettabile dall'occhio umano in termini di intensità e saturazione del blue in questione. In compenso saremo riusciti ad inserire in un punto dell'immagine un pezzettino del nostro file che intendiamo nascondere. Il bit meno significativo, dunque, può essere utilizzato per codificare parte delle informazioni del messaggio segreto.

Per meglio renderci conto, diamo un'occhiata ad uno dei tanti esperimenti che è stato fatto in ambito universitario.

Preso un file bitmap di dimensioni 800x540, ne è stata fatta una copia ed iniettata in essa un file di 157 kb utilizzando Steganos 3 Security Suite (software che vedremo in dettaglio nel quinto capitolo). Poi è stato osservato con un editor esadecimale le differenze fra il file originale e la copia contenente il file nascosto. Ecco il risultato su una parte del file:

35 35 2E 35 38 33 35 37 32	35 35 2E 35 38 32 35 36 32
32 36 33 30 33 2E 2F 31 2C	33 37 33 31 32 2F 2E 31 2D
34 38 30 3F 46 3D 4C 54 46	34 39 31 3E 46 3C 4D 55 46
42 4D 3E 38 3F 35 3C 3B 31	42 4C 3F 39 3E 35 3D 3B 30
3F 3C 35 3D 3F 36 3A 3B 3C	3F 3C 35 3C 3E 36 3A 3A 3C
3A 3B 3A 3C 43 3A 3F 47 3D	3A 3A 3B 3C 43 3A 3F 47 3D
40 44 3E 40 43 3F 39 3C 3B	41 44 3F 41 42 3E 39 3D 3B
3C 3E 40 44 51 55 49 56 57	3D 3E 41 45 51 54 49 57 56
47 4E 50 4D 52 52 50 52 4B	47 4F 51 4D 52 53 51 53 4A
4B 4D 44 47 49 44 41 46 45	4B 4C 45 46 49 44 40 47 44
43 4B 47 48 4C 45 43 45 3E	42 4A 47 49 4D 45 43 44 3F
Foto 4.2.1.1	**Foto 4.2.1.2**
Una parte del file originale	La stessa parte col messaggio nascosto

Come è possibile notare dall'esempio, non ci sono differenze sostanziali, ma solo alcune che indicano chiaramente che è stato modificato la codificazione di alcuni pixel nei loro bit meno significativi.

Osservate, per esempio, il valore esadecimale 43 posto in fondo alla prima colonna della foto 4.2.11 di sinistra, e confrontatelo con lo stesso valore nella stessa posizione della foto 4.2.1.2 di destra. Vi accorgerete che mentre a sinistra è espresso il valore esadecimale 43, a destra, invece 42.

Se trasformiamo in binario entrambi i valori esadecimale, avremo quanto segue:

Foto 4.2.1.1 (Una parte del file originale)	Foto 4.2.1.2 (Stesso file steganografato)
43 esadecimale = 1000011 binario	42 esadecimale = 1000010 binario

Si evince chiaramente, dunque, che è stato sostituito l'ultimo bit, quello meno significativo, e il risultato in termini grafici rimane identico.

Per quanto riguarda infine i rapporti spaziali tra file contenitore e file da iniettare, facendo qualche calcolo, per inserire un byte del messaggio segreto occorrono ovviamente 8 byte del messaggio contenitore. Generalizzando, volendo calcolare la massima dimensione di un messaggio segreto che può stare all'interno di un file grafico MxN si può usare la seguente formula:

Dimensione messaggio segreto (in byte) = (M x N x 3) / 8

Quindi, tornando al nostro file bitmap 800 x 540, esso avrebbe potuto contenere al massimo (800 x 540 x 3) / 8 = 162000 byte di dati; infatti, nel precedente esperimento abbiamo potuto iniettare senza problemi un file di 157 Kb = 160768 byte, ma sarebbe stato impossibile iniettarne uno di soli 2 kb più grande. Un formato tipico, come il 640 x 480, potrà contenere invece un messaggio segreto di (640 x 480 x 3) / 8 = 115200 byte.

Tuttavia è possibile raddoppiare o addirittura triplicare o quadruplicare la possibile dimensione del messaggio segreto utilizzando non più il singolo bit meno significativo di ogni byte, ma i due, tre o quattro bit meno significativi. L'altra faccia della medaglia sarà ovviamente una diminuzione della qualità dell'immagine e quindi si può dire che più bit si usano, maggiore è la possibilità di destare sospetti.

Quindi, quello che si può fare è controllare ogni volta il risultato e decidere di conseguenza quanti bit utilizzare a seconda di quanto è visibile la perdita di qualità. Alcuni software, ad esempio, testano che la differenza di luminosità tra un pixel e quelli che lo circondano non sia troppo alta.

4.2.1.2 Steganografia sostitutiva nei file sonori WAV

Un discorso analogo può essere fatto per i file sonori di tipo WAV. Questo formato si basa anch'esso su sequenze di parole di 8 o 16 bit.

Un file wav mono, campionato a 44100 Hz a 16 bit (il campionamento abbiamo già visto che è una delle fasi che consente la digitalizzazione di un media analogico), per esempio, indica un file che è stato costruito ottenendo 44100 stringhe di 16 bit al secondo nella fase di digitalizzazione del suono, ossia è stata generata una stringa di 16 bit ogni 1/44100 di secondo.

Nel caso di un wav stereo, le stringhe di 16 bit ottenute sono due, una per il canale destro ed una per il sinistro.

È facile capire che anche qui, con la stessa logica di prima, si possono sostituire i bit meno significativi allo scopo di steganografare un messaggio.

Tanto per avere un'idea, un file wav stereo di un minuto è grande 16 bit x 44100 Hz x 60 sec = 42336000 bit = 5168 Kb ca. da raddoppiare perché il file è stereo, quindi 10336 Kb.

Se decidessimo di utilizzare i 2 bit meno significativi per ogni stringa di 16 bit otterremmo una disponibilità di 84762000 bit / 16 bit x 2 = 10595250 bit = 1293 Kb ca.

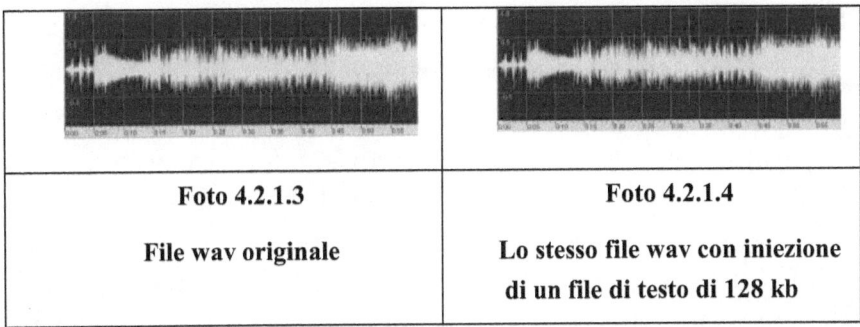

Foto 4.2.1.3	**Foto 4.2.1.4**
File wav originale	**Lo stesso file wav con iniezione di un file di testo di 128 kb**

Preso dunque un file wav e iniettando al suo interno un file di testo il risultato è straordinario.

I due file sonori, quello originale e quello con i dati steganografati al suo interno, non presentano differenze in termini di peso e risoluzione del suono.

Sono perfettamente identici.

4.2.1.3 Steganografia sostitutiva nei file compressi

In base a quanto si è detto, tutto sembra funzionare perfettamente, ma c'è un problema intrinseco nell'operare nel modo sopra esposto. Il problema risiede proprio nel formato del file contenitore utilizzato. I formati bitmap e wav, infatti, sono abbastanza pesanti ed ingombranti, come si è visto, e proprio per questo non sono molto popolari sulla rete Internet, basta vedere quanto tempo c'impiega una pagina Web a caricarsi, quando contiene questo tipo d'immagini, quindi il solo fatto di scambiare un file bitmap o wav potrebbe destare sospetti.

Ecco perché, sulla base del concetto originario, si sono escogitate altre tecniche steganografiche da attuare anche sui formati di file più comuni in Internet. Tuttavia si sono dovute trovare delle soluzioni applicative alternative.

In particolare, non è possibile operare come sinora descritto con i file compressi. Se iniettassimo delle informazioni in un file bitmap e dopo lo convertissimo in JPEG, ad esempio, le informazioni andrebbero inevitabilmente perse. La compressione JPEG, infatti, ha la tendenza a preservare le caratteristiche visive dell'immagine piuttosto che l'esatta informazione contenuta nella sequenza di pixel, di conseguenza sarebbe impossibile risalire al file bitmap originario.

Quello che si fa in questi casi è operare ad un livello di rappresentazione intermedio. Per poter utilizzare anche le immagini JPEG come contenitori, è possibile iniettare le informazioni nei coefficienti di Fourier ottenuti dalla prima fase di compressione. (Ricordiamo che in matematica una serie di Fourier è una rappresentazione di una funzione periodica).

Un discorso analogo si può fare col popolare formato audio MP3. Questo formato, al fine di comprimere, durante la fase detta *Inner loop*, allarga gli intervalli di prelevamento del campione e testa se il livello di distorsione introdotto è superiore ad un certo limite definito da un modello psicoacustico. In questa fase, quindi, si individueranno i bit più importanti e quelli meno significativi, e quindi utilizzabili potenzialmente per nascondere informazioni.

Il problema principale della steganografia che usa file compressi come contenitori è che, purtroppo, è facilmente attaccabile, nel senso che se un file compresso che fa da contenitore viene decompresso e compresso nuovamente, è facile capire che il messaggio nascosto andrà perso.

Capiamo bene perché i dati possono andar persi.

Per farlo, dobbiamo comprendere come operano gli algoritmi di compressione più comuni e quali sono i problemi derivati dalla compressione. Lo facciamo prendendo spunto da un libro straordinariamente efficace di Roberto Marangoni e Marco Geddo che tratta in maniera esaustiva le immagini digitali.[15]

Prima di tutto dobbiamo operare una sostanziale distinzione tra metodi di compressione senza perdita di informazioni, detti conservativi, e metodi con perdita di informazioni, definiti lossy.

Con i metodi conservativi si ottengono livelli di compressione, ovvero il rapporto tra la grandezza del file originale e la grandezza del file compresso, piuttosto bassi. C'è da notare, però, che con questi metodi vi è un'assoluta fedeltà di riproduzione in quanto, decomprimendo un file compresso, otteniamo un file identico all'originale.

Con i metodi lossy, invece, decomprimendo il file compresso non otteniamo esattamente l'originale, in quanto le informazioni perse durante il procedimento di compressione non possono essere recuperate. In compenso, otteniamo livelli di compressione molto elevati.

In ogni modo, la scelta del metodo di compressione dipende dal tipo d'immagine da comprimere e dall'uso che se ne deve fare.

La possibilità di codificare una sequenza di numeri con una di lunghezza minore è strettamente legata al concetto di quantità d'informazione e a quello di entropia. L'entropia è una misura che indica il disordine presente in un sistema (nel nostro caso un insieme di numeri rappresentanti un'immagine).

Un'immagine molto uniforme (al limite costituita da un unico colore) è, in un certo senso, ordinata (bassa entropia), e fornisce pochissima informazione. Un'immagine molto complessa fornisce invece un'elevata quantità di informazione e, dal punto di vista

---

[15] Marangoni R., Geddo M., Le immagini digitali, Hoepli, Milano, 2000

della sua descrizione numerica, è estremamente disordinata (alta entropia).

Detto questo, dobbiamo asserire che per descrivere in maniera codificata la prima immagine sono sufficienti pochi numeri, per descrivere la seconda ne occorreranno molti di più. Su questi principi si basano i metodi di compressione numerica senza perdita di informazione.

Uno dei metodi più semplici di compressione di questo gruppo è il metodo Run Lenght Encoding (RLE). Esso sostituisce a sequenze di pixel identici l'indicazione del numero di volte che tale pixel si ripete, seguita dal valore del pixel stesso.

Vediamo un esempio applicativo.

Poniamo di avere la seguente sequenza originaria di bit:

$$001011110010000111110000$$

Ecco come il metodo RLE la trasforma:

$$2(0)1(1)1(0)4(1)2(0)1(1)4(0)5(1)4(0)$$

Dobbiamo ricordare che questo metodo è efficiente quanto l'immagine presenta molte sequenze di valori identici, come nel caso di immagini artificiali, ma non è in grado invece di raggiungere buoni livelli di compressione nel caso di immagini rappresentanti scene complesse come quelle provenienti da fotografie, in cui è molto probabile che pixel contigui siano caratterizzati da colori non perfettamente identici.

Ora che abbiamo compreso per sommi capi come questo metodo di compressione funziona, risulta più facile capire perché se applichiamo della steganografia ad un file compresso possiamo andare incontro a perdita dei dati. Il metodo di compressione RLE, come del resto tutti gli altri, opera in tal modo ogni qualvolta l'immagine viene compressa o semplicemente ridimensionata.

Steganografare un file all'interno di un file compresso, e successivamente ricomprimere il file o ridimensionarlo, provoca un'ulteriore operazione di ricalcalo delle sequenze e delle ripetizioni dei pixel, il quale tiene in considerazione le modifiche strutturali apportate dal file nascosto. In questo modo il software steganografico perde il controllo delle posizioni dei pixel nelle cui codificazioni sono stati iniettati i dati del file nascosto, non riuscendo più ad estrapolare i dati iniettati. Il consiglio è quello di non modificare ulteriormente l'immagine che funge da contenitore, una volta che è stato iniettato il file che si intende nascondere.

Un altro metodo di compressione molto efficace è Lempel-Ziv-Welch (LZW). Esso è basato sulla costituzione di un dizionario contenente sequenze numeriche di varia lunghezza, presenti nei dati da comprimere.

Ogni volta che viene incontrata una sequenza già presente nel dizionario, essa viene rimpiazzata con il codice corrispondente; quando si presenta una nuova sequenza, essa viene aggiunta al dizionario che viene costruito nel corso del processo di codifica e di decodifica.

Naturalmente, anche per questo metodo è valido il discorso sulla perdita dei dati fatto per il metodo descritto in precedenza.

Concludiamo questa breve escursione sui metodi di compressione con un metodo lossy, il JPEG (Joint Photographic

Experts Group), particolarmente indicato per comprimere immagini di tipo fotografico.

La compressione JPEG consente all'operatore di regolare l'entità della perdita di informazioni. Ovviamente, tanto minore sarà la perdita, tanto minore il fattore di compressione, e viceversa, per ottenere una compressione molto elevata si deve accettare una maggiore perdita di informazioni.

Il JPEG, comunque, è uno strumento ottimizzato ed efficace, che consente di ottenere compressioni molto elevate mantenendo un'ottima qualità dell'immagine. Qualità e perdita di informazioni, infatti, non sono del tutto antitetiche: il problema fondamentale è sapere quali informazioni poter tagliare senza perdere troppo in qualità. Il JPEG risolve questo problema facendo ricorso agli studi di psicofisica della visione umana, dai quali risulta come la sensibilità visiva non sia uniforme rispetto a tutte le caratteristiche dell'immagine, ma sia tale da esaltarne alcune (le informazioni relative a queste diventano quindi preziosissime) e da passarne in secondo piano altre (le relative informazioni, quindi, possono esser tagliate senza danni eccessivi).

In particolare, la visione umana presenta due caratteristiche sfruttate dalla compressione JPEG: una minore sensibilità per le alte frequenze spaziali (rapide variazioni) che per quelle basse, e una minore sensibilità alle variazioni cromatiche rispetto a quelle d'intensità luminosa.

Ricordiamo infine che, oltre che per il metodo di compressione, i formati grafici differiscono per il tipo di immagini che possono rappresentare, per la presenza o meno del cosiddetto "alpha channel", un canale aggiuntivo in cui possono essere memorizzati dati ausiliari come la trasparenza, per la possibilità di registrare, con i dati veri e propri, alcune informazioni aggiuntive che possono essere utili, quali la risoluzione nel caso l'immagine provenga da una digitalizzazione, il nome dell'autore dell'immagine, la data di realizzazione, etc.

Tutto ciò ci dà lo spunto per parlare del formato GIF nel prossimo paragrafo.

4.2.1.4 Steganografia sostitutiva nei file immagine GIF

Il formato GIF invece merita un discorso a parte perché per raggiungere lo scopo di trasformarlo in messaggio contenitore si utilizza un approccio un po' diverso dai precedenti.

Il formato GIF fa uso di una palette di colori, vale a dire un sottoinsieme di colori prestabilito. I pixel che formano l'immagine possono assumere uno dei colori della palette. Questo si traduce in una grossa economia di rappresentazione del file, visto che ogni pixel può essere rappresentato semplicemente da un puntatore ad un colore della palette.

Sino a poco tempo fa si pensava fosse alquanto improbabile fare della steganografia utilizzando come contenitori i file immagine GIF. Questo non solo per le evidenti difficoltà dovute al fatto che questo tipo di file è compresso in maniera pesante col metodo LZW e, soprattutto, per le ridotte dimensioni del file, ma anche per la sua particolare struttura interna. Le tecnologie moderne, invece, hanno fatto sì che venissero implementati dei software "ad hoc" capaci di steganografare dei file all'interno di immagini in formato GIF.

Per meglio comprendere, però, come sia possibile utilizzare un file GIF come contenitore, si rende necessario spendere due parole per spiegare com'è strutturato al suo interno un file GIF. Lo faremo banalizzando un po' la spiegazione dei contenuti, rendendoli molto chiari e fruibili da chiunque, anche dai neofiti della materia. Ciò ci aiuterà a capire meglio come opera un algoritmo steganografico all'interno di un file GIF.

Sappiamo che un file GIF è un tipo di immagine che occupa poco spazio sul disco in quanto è a bassa risoluzione grafica, dato l'utilizzo di massimo 256 colori.

Bene.

Se prendiamo un GIF, quello che vediamo noi è solo la crosta superficiale dell'immagine, mentre sotto tale crosta c'è una palette di 256 colori. Immaginiamo ora la rappresentazione di una fotografia digitale di un prato verde che contrasta un cielo azzurro. Sotto l'immagine di questo paesaggio che noi vediamo c'è una griglia con 256 caselle, contenenti altrettanti colori, che noi, però, non vediamo. Affinché sia possibile visualizzare nell'immagine il colore verde del prato, in corrispondenza della casella contenente il colore verde c'è posizionato un puntatore che indica che in una data posizione della crosta superficiale che noi vediamo ci sono dei pixel colorati di verde che corrispondono al prato. Lo stesso dicasi per il cielo: in corrispondenza del cielo azzurro rappresentato nell'immagine, nella parte sottostante che noi non vediamo, ma che ospita la palette dei colori, un altro puntatore è posizionato sulla casella del colore azzurro, il quale ci consente di visualizzare il cielo dell'immagine in questione.

In definitiva, tutti i colori rappresentati nell'immagine che noi vediamo, derivano dal fatto che all'interno dell'immagine stessa ci sono altrettanti puntatori posizionati su tutti i colori utilizzati in quell'immagine.

Come operano allora i software steganografici nei file GIF?

Dal momento che non tutti i 256 colori a disposizione vengono effettivamente utilizzati, anzi, in genere non si va oltre la metà, e tenendo in considerazione che la palette dei colori è comunque formata da 256 caselle a prescindere dai colori utilizzati, i software steganografici che si occupano di immagini GIF operano in una maniera semplicissima e, per certi versi, disarmante. Tenendo come esempio ancora l'immagine del paesaggio col prato verde ed il cielo azzurro, l'algoritmo steganografico opera nel seguente modo.

Prende possesso di una casella contenente un colore qualsiasi che non è stato utilizzato nell'immagine e vi inserisce al suo interno un colore verde identico a quello rappresentato dal prato, iniettando però al suo interno un "pezzettino" del file segreto che si vuole steganografare. Prende poi il puntatore che era posizionato sul colore verde originale e lo sposta sul nuovo colore verde nel cui interno è stato nascosto qualche bit del file segreto. Continua poi ad operare in questo modo con l'azzurro del cielo e con tutti gli altri colori utilizzati per rappresentare l'immagine in questione.

Il risultato è sorprendente: messe a confronto, l'immagine originale e quella manipolata dall'algoritmo steganografico, sono perfettamente identiche, anche se sottoposte a zoom o screening approfondito. In compenso però, nella nuova immagine si è riusciti ad iniettare un altro file, naturalmente di dimensioni ridotte per rispettare il rapporto di 1 a 8 oppure 1 a 10 tra file contenitore e messaggio inserito, per salvaguardare l'integrità dell'immagine stessa.

È un caso tipico, quindi, quello delle GIF a 256 colori.

Facciamo un'altra considerazione con un esempio diverso.

Nel momento in cui un'immagine è acquisita da uno scanner, per esempio, contiene sicuramente un numero maggiore di 256 colori. Tuttavia esistono alcuni algoritmi capaci di diminuire il numero di colori utilizzati limitando il più possibile la perdita di qualità. La soluzione che viene di solito adottata dunque è la seguente: si acquisisce un'immagine e si limita il numero di colori ad un numero inferiore a 256, utilizzando uno degli algoritmi suddetti. Dopodiché si converte in GIF riempiendo la palette con dei colori molto simili a quelli rimasti. Questo significa che ogni volta che si dovrà rappresentare un colore si potrà scegliere di rappresentarlo in due modi: con il colore originale oppure con il colore aggiunto simile all'originale.

Quindi c'è una possibilità di scelta, e tutte le volte che c'è possibilità di scelta fra più alternative si ha la possibilità di nascondere un'informazione. E' uno dei principi fondamentali della steganografia. Se le alternative sono due potremo nascondere un bit (se il bit è 0, scegliamo la prima, se è 1 la seconda); se le alternative sono quattro potremo nascondere due bit (00 per la prima, 01 per la seconda, 10 per la terza, 11 per la quarta) e così via.

La soluzione esposta è senz'altro molto ingegnosa, ma presenta un problema: è molto semplice scrivere un programma che analizzi la palette ed individui sottoinsiemi di colori simili e quindi la probabile presenza di un messaggio steganografato. In effetti, questo tipo di attacco è stato portato a termine con pieno successo da diversi stegoanalisti, tanto che alcuni di loro hanno sostenuto che il formato GIF non fosse adatto alla steganografia. In realtà esiste un altro metodo per steganografare con GIF, che è quello che abbiamo descritto precedentemente con l'esempio del prato e del cielo, che si basa sulla seguente osservazione: un'immagine GIF può essere rappresentata in 256 modi diversi.

Come si è detto, infatti, la palette che sta alla base di una GIF si compone di 256 colori, tuttavia non è importante l'ordine con cui i colori compaiono nella palette e quindi i 256 colori di una palette possono essere permutati in 256 modi, ciò vuol dire che una stessa immagine GIF può essere rappresentata in 256 modi diversi, a patto di cambiare opportunamente la sequenza dei puntatori.

Ancora una volta ci troviamo di fronte a delle alternative. Poiché le alternative sono 256, ciò significa che potremo codificare log(256) = 1683 bit, e questo indipendentemente dalle dimensioni dell'immagine. Basta semplicemente permutare in modo opportuno la palette.

Come è facile intuire, partendo dai concetti di base della steganografia, è facile estendere queste tecniche ai più svariati formati. Oltre a numerosi applicativi per i formati più comuni che descriveremo nel prossimo capitolo, come Steganos per BMP e WAV, Jstegshell per JPEG, Mp3Stego per MP3, Gifitup per GIF, in Rete è possibile trovare tools steganografici per i formati più vari. In particolare esistono programmi come wbStego, capaci di utilizzare addirittura file PDF e HTML.

4.2.2 Steganografia Selettiva

La steganografia selettiva ha valore puramente teorico e non viene utilizzata nella pratica. Essa si basa sull'idea di procedere per tentativi fino a quando non si verifica una determinata condizione.

Per esempio, si fissi una semplice funzione "hash" che vale 1 se il file contenitore contiene un numero dispari di bit 1 e 0 se ne contiene un numero pari. A questo punto, volendo codificare il bit 0, acquisiremo un'immagine (o un file sonoro) e controlleremo se il numero di bit 1 è pari. Se lo è, avremo trovato un file adatto a contenere l'informazione che vogliamo codificare, altrimenti provvederemo ad acquisire un'altra immagine.

Le funzioni hash sono funzioni particolari che permettono di dare un'impronta digitale, detta "*valore di hash*" o "*checksum crittografico*", che identifica univocamente il messaggio di partenza; sono quindi funzioni che creano una stringa associata al messaggio da spedire e per il quale una volta applicata la funzione non dovrebbe essere più possibile ritornare al testo originale. Per ogni funzione hash inoltre non si ha la certezza da quale messaggio proviene, anche se la funzione hash ideale dovrebbe essere unica cioè collision free.

In informatica, la funzione di trasformazione che genera l'hash, opera sui bit di un file qualsiasi restituendo una stringa di bit di lunghezza predefinita. Tipicamente, nel nome della funzione di hash c'è il numero di bit che questa ritorna: ad esempio, SHA-256 ritorna una stringa di 256 bit.

Le funzioni hash svolgono un ruolo essenziale nella crittografia: sono utili in quanto permettono di verificare l'integrità del messaggio stesso, poiché anche una minima variazione sconvolgerebbe il *checksum*, rivelando la tentata modifica; sono, inoltre, utili per la concisione che permettono nei calcoli matematici atti alla crittografia del testo in chiaro.

Le funzioni di hash possono essere anche utilizzate per la creazione di firme digitali, in quanto permettono la rapida creazione della firma anche per file di grosse dimensioni, senza richiedere calcoli lunghi e complessi.

Altro esempio molto simile al primo.

Poniamo il caso di avere una funzione qualsiasi da applicare ad un'immagine digitale. Questa funzione prende una matrice di pixel di una certa grandezza e restituisce questa volta 1 se il numero di bit uguali a 0 è pari, mentre restituisce 0 se è dispari. Il nostro scopo è codificare un bit con valore 1(l'informazione segreta): ovviamente dovremo avere un numero dispari di bit uguali a 0.

Per raggiungere lo scopo generiamo un'immagine prendendo a caso delle matrici di pixel di una data dimensione e osservare se i bit uguali a 0 sono dispari o meno. Se sono dispari accetta quel blocco altrimenti prova con un altro. Insomma, va per tentativi.

Questo tipo di steganografia non ha vere e proprie applicazioni pratiche ma rimane solo teorica, almeno per il momento. Da notare come, nell'esempio accennato, l'immagine venga generata appositamente (steganografia generativa).

Il vantaggio principale è che in questo caso non si ha una variazione del rumore, cosa che avviene nella steganografia iniettiva. Questa tecnica ha il vantaggio che l'immagine ottenuta contiene effettivamente il messaggio segreto, ma non è stata modificata.

È ovvio che sul piano pratico questa soluzione è inaccettabile perché è molto dispendiosa in termini di tempo ed oltretutto permette di nascondere una quantità d'informazione molto modesta.

Tale tecnica quindi risulta per ovvi motivi molto valida dal punto di vista della sicurezza; non è possibile affermare altrettanto invece per quanto concerne l'efficienza, la ricerca esaustiva e potenzialmente infinita ne fa una tecnica eccessivamente dispendiosa ed utilizzabile solo per steganografare messaggi molto brevi (che aumentano la probabilità di trovare il contenitore opportuno).

4.2.3 Steganografia Costruttiva

La steganografia costruttiva opera più o meno come la steganografia sostitutiva, con la differenza che nel modificare il file contenitore si tiene conto di un modello di rumore, nel senso che si tenta di sostituire il rumore presente nel media utilizzato con il messaggio segreto nel rispetto delle caratteristiche statistiche del rumore originale.

In pratica, mettiamo di avere un formato di codifica audio (quale può essere l'mp3) il quale produce un certo rumore.

Quello che dobbiamo fare è cercare di codificare il messaggio da occultare in modo che risulti uguale, o al limite molto simile, al rumore vero. A prima vista questa soluzione può apparire la migliore in quanto gli attacchi possibili spiegati nel paragrafo sulle tecniche sostitutive diventerebbero inutili.

Ma non è tutto oro quel che luccica: tralasciando i problemi dovuti alla difficoltà di creazione del modello di rumore, un eventuale attaccante potrebbe generare (avendo a disposizione una strumentazione migliore) un modello più accurato riuscendo ancora una volta a cogliere la differenza fra vero rumore e messaggio codificato. In un diverso scenario potrebbe venire in possesso del nostro modello e analizzarlo al fine di trovare difetti nello stesso.

Questo approccio sembra la soluzione migliore, ma in realtà anch'esso non è esente da difetti. Come si è già detto non è facile costruire un modello del rumore, ed anche se lo si costruisce è possibile che qualcun altro abbia costruito un modello più accurato e quindi in grado di scorgere comunque la presenza di un messaggio segreto. Inoltre, se il modello utilizzato cadesse nelle mani del nemico, egli potrebbe analizzarlo per cercarne i punti deboli. In questo modo si regalerebbe involontariamente al nemico uno strumento di attacco molto efficace.

La steganografia costruttiva rimane comunque oggi un ambito ancora prettamente sperimentale.

4.3 Sistema Steganografico ideale

Sulla base delle tecniche più diffuse che abbiamo visto nei paragrafi precedenti, viene da chiedersi quale possa essere individuato come il sistema steganografico ideale. A causa dei relativi problemi che i vari sistemi presentano, la tecnica iniettiva rimane la più conveniente da usare. Se si hanno particolari esigenze di sicurezza, si può pensare di usare contenitori più grandi rispetto al messaggio segreto. In questo modo il messaggio contenitore verrà modificato sono lievemente in modo da rendere impossibile la rilevazione di un messaggio nascosto.

Tuttavia rimane un problema ancora da risolvere.

In ambito crittografico il principio di Kerckhoff, già citato precedentemente, recita così: *"la sicurezza del sistema deve basarsi sull'ipotesi che il nemico abbia piena conoscenza dei dettagli di progetto e implementazione del sistema stesso; la sola informazione di cui il nemico non può disporre è una sequenza (corta) di numeri casuali, la chiave segreta, senza la quale, osservando un canale di comunicazione, non deve avere neanche la più piccola possibilità di verificare che è in corso una comunicazione nascosta"*.

È facile capire che, volendo aderire a questo principio, le tecniche esposte sono insufficienti. Infatti, se i dettagli dell'algoritmo utilizzato sono resi pubblici, chiunque è in grado di accedere ad eventuali informazioni nascoste, semplicemente applicando il procedimento inverso.

Ecco perché si rende necessaria una fase di pre-elaborazione del messaggio segreto.

La soluzione più ovvia è quella di crittografare il messaggio segreto prima di iniettarlo. Così facendo, il problema però non è del tutto risolto, poiché il file cifrato può comunque essere estratto da chiunque e si presume che un crittoanalista esperto possa riconoscere un file prodotto da un programma di crittografia convenzionale. A questo punto il sistema steganografico fallisce. Mentre il fallimento di un sistema crittografico è decretato dalla lettura del messaggio cifrato da parte del nemico, un sistema steganografico si può decretare fallito quando ci si accorge della sola presenza di un messaggio nascosto.

La soluzione, quindi, è quella di camuffare il messaggio cifrato prima di iniettarlo in modo che risulti indistinguibile da semplice rumore. Per esempio, se un messaggio è stato cifrato con PGP, il file cifrato rispetterà un particolare formato contenente, oltre al blocco di dati cifrati, altri dati per lo più ridondanti che facilitano la gestione del file da parte di PGP.

Chiunque si interessi di questioni inerenti alla privacy digitale avrà sicuramente già sentito parlare del software *Pretty Good Privacy*. Il PGP è un programma informatico di crittografia che si è diffuso in tutto il mondo dai primi anni '90; funziona praticamente su qualsiasi computer ed è completamente gratuito. Sviluppato da Philip R. Zimmerman, PGP è un prodotto software (non un protocollo) multipiattaforma mediante il quale è possibile mantenere la riservatezza nello scambio di messaggi di posta elettronica e garantire l'autenticazione del mittente.

Esistono inoltre programmi come Stealth capaci di eliminare (e di reinserire nella fase di ricostruzione) tutte le informazioni diverse dal blocco di dati cifrati. In questo modo, il file nascosto appare come una sequenza di bit apparentemente casuale, che è molto difficile distinguere da rumore. L'attacco a questo punto sarà molto più complesso perché, seppure verrà estratto il file nascosto, sarà difficile capire che quei caratteri costituiscono un blocco di dati cifrati.

Quindi, soltanto disponendo della chiave giusta si potrà accedere al messaggio in chiaro. In caso contrario non si potrà neppure capire se il fallimento è dovuto al fatto di non disporre della chiave giusta o al fatto che il file contenitore non contiene alcun messaggio segreto.

5. Il software steganografico

Questo capitolo è dedicato al funzionamento di alcuni tra i software steganografici[16] più utilizzati. Ne verranno analizzati solo alcuni, in Rete, comunque, c'è la possibilità di scaricare e testare una miriade di software steganografici. Una raccolta completa dei programmi steganografici si può trovare all'indirizzo http://steganography.tripod.com/stego/software.html

---

[16] . - http://steganography.tripod.com/stego/software.html
 - http://www.stegoarchive.com
 - www.steganos.com
 - www.nist.org

5.1 Steganos Security Suite

Steganos Security Suite è un pacchetto applicativo orientato alla protezione dei documenti e delle password. Fornisce inoltre la possibilità di codificare messaggi e-mail, cancellare le tracce della navigazione e rimuovere in modo sicuro ogni sorta di file. In sostanza, esso consente la crittografia e la protezione automatica dei dati tramite un nuovo e potente metodo di crittografia, chiamato AES, che vedremo più avanti.

Viene utilizzato inoltre per la tutela della privacy su Internet, per il blocco dell'accesso al PC, per la protezione dei messaggi di e-mail e per l'eliminazione permanente dei file contenenti informazioni riservate.

La versione 3, sviluppata dalla casa tedesca *DEMCOM* in collaborazione con l'americana *CenturionSoft*, è stata rilasciata nei primi mesi del 2001 per piattaforma Intel con sistema operativo Windows 95, 98, ME, NT 4.0 e 2000. I requisiti minimi richiesti dal programma sono un processore Pentium, 32 MB di RAM, circa 15 Mb di spazio libero su hard-disk.

Il programma può essere scaricato gratuitamente dal sito www.steganos.com in versione shareware. Dopo 30 giorni di utilizzo è possibile continuare ad usare il programma, ma in versione light, cioè con alcune funzionalità disattivate, oppure si può scegliere di registrarsi per continuare ad utilizzarlo normalmente.

Sebbene esistano versioni superiori di Steganos Security Suite, che descriveremo solo sommariamente in conclusione di questo paragrafo, ci soffermeremo ora più in dettaglio sulla versione 3 che, seppure non recentissima, è stata la più utilizzata e collaudata, risultando essere un pacchetto di sicurezza molto solido ed affidabile.

Ma vediamo ora quali sono le funzioni presenti.

All'avvio del programma appare una finestra dalla quale è possibile avviare i seguenti tool del pacchetto: Open safe, Internet trace destructor, Lock computer, E-mail encryption, Steganos file manager, Shredder, Password manager.

Ma analizziamoli più in dettaglio.

Open safe

Consente di creare un drive virtuale nascosto, con dimensione a scelta, a cui si può accedere mediante una password. Dopo l'accesso è possibile utilizzare questo drive come una qualsiasi unità e quindi utilizzarla con i normali File Manager. È utile nel caso in cui il PC sia condiviso da più persone. La creazione di questo hardisk virtuale avviene con una procedura guidata nel corso della quale viene chiesto un nome da dare a questa unità e una password che viene analizzata dal programma segnalando ove questa fosse considerata poco sicura. I dati residenti su questo drive e la password per accedervi sono cifrati tramite l'algoritmo AES selezionato dal NIST nell'ottobre 2000.

In Crittografia, l'Advanced Encryption Standard (AES), conosciuto anche come *Rijndael*, è un algoritmo di cifratura a blocchi utilizzato come standard dal governo degli Stati Uniti d'America. Data la sua sicurezza e le sue specifiche pubbliche, si presume che in un prossimo futuro venga largamente utilizzato in tutto il mondo, come è successo al suo predecessore DES (Data Encryption Standard).

L'AES è stato adottato dalla National Institute of Standards and Technology (NIST), agenzia del governo degli Stati Uniti d'America che si occupa della gestione delle tecnologie, nel novembre del 2001 dopo 5 anni di studi e standardizzazioni. L'algoritmo è stato sviluppato da due crittografi Belgi, Joan

Daemen e Vincent Rijmen, che lo hanno presentato al processo di selezione per l'AES con il nome di "Rijndael", nome derivato dai nomi degli inventori.

Per una migliore comprensione dell'argomento vale la pena tornare indietro e vedere come è nato l'AES.

Per molti anni il DES ha rappresentato lo standard per la cifratura e l'autenticazione di documenti. Il NIST lo scelse come standard di cifratura nel 1977 con validità quinquennale. Fu riaffermato nel 1983, 1988 ed infine nel 1993 con una clausola che ne confermava la validità fino al Dicembre del 1998. La clausola specificava che, allo scadere di tale data, il NIST avrebbe dovuto prendere in considerazione delle alternative che offrissero un maggior grado di sicurezza. Sebbene il triplo DES potesse essere considerato un valido sostituto, il NIST volle selezionare come nuovo standard un algoritmo di cifratura più sicuro ed efficiente.

A tal fine, il 12 Settembre del 1997 il NIST indisse un concorso pubblico per la nomina dell'AES. L'obiettivo fondamentale del NIST era quello di stabilire un nuovo standard che diventasse il punto di riferimento nel prossimo secolo nel campo della sicurezza. Il NIST richiese ai partecipanti un completo pacchetto di documentazione richiedendo per gli algoritmi candidati i seguenti requisiti:

1)   L'algoritmo doveva implementare un cifrario a chiave simmetrica.

2)   L'algoritmo doveva appartenere alla classe dei cifrari a blocchi.

3)   L'algoritmo doveva supportare chiavi con taglia compresa tra *128* e *256* bit ed avere lunghezza del testo in chiaro di *128* bit (era preferibile che l'algoritmo fosse in grado di gestire ulteriori taglie, quali ad esempio *64* e *256* bit).

4)   La struttura dell'algoritmo doveva essere tale da permetterne l'implementazione su smart-card;

5)   L'algoritmo doveva essere disponibile a livello mondiale, senza esclusive ed essere royalty-free.

Ciascuno dei candidati fu sottoposto ad una serie di test ed analisi atti a valutare le caratteristiche computazionali e di sicurezza. I criteri di valutazione scaturirono dai commenti pubblici e dalle discussioni tenutesi il 15 Aprile 1997 presso il NIST.

Questi algoritmi furono sottoposti alla comunità crittografica mondiale.

In questa conferenza il NIST sollecitò commenti pubblici sui candidati.

Questo il commento relativo al vincitore: *"Rijndael viene eseguito in modo eccellente su tutte le piattaforme considerate. La sua schedulazione della chiave è veloce, e le sue richieste di memoria sono basse, per cui dovrebbe essere efficiente in hardware e in ambienti con poca memoria. Anche se, nel processo di selezione del primo round, gli eventuali vantaggi tratti dall'utilizzo di processori paralleli non sono stati considerati, Rijndael è in grado di usufruire dei vantaggi offerti dai processori che permettono l'esecuzione di molte istruzioni in parallelo".*

Internet trace destructor

Quando si naviga su Internet, il browser memorizza dati riguardanti le ultime pagine visitate (cookies, cache, cronologia...). Queste informazioni facilitano e velocizzano la navigazione, ma lasciano tracce dei siti visitati. Anche l'uso quotidiano del computer lascia tracce. Questo strumento ha proprio lo scopo di eliminare queste informazioni.

Lock computer

Permette di bloccare il computer e di potervi accedere nuovamente tramite una password.

E-mail encryption

Fornisce uno strumento per la cifratura delle e-mail (o più in generale, di un qualsiasi testo) tramite l'algoritmo *Blowfish*. Utilizza gli appunti di Windows come i più noti applicativi crittografici. In pratica, questo tool codifica il corpo del messaggio e-mail che si vuole inviare; ovviamente il destinatario deve avere lo stesso programma per decodificare il messaggio se questo non è autoestraente.

Bisogna notare che se il messaggio codificato viene creato in formato **EXE,** quindi autoestraente, può venire filtrato da programmi antivirus o comunque filtrato da eventuali restrizioni presenti nel client di posta del destinatario.

Blowfish è un algoritmo a chiave simmetrica a blocchi ideato nel 1993 da Bruce Schneier e implementato in molti software di crittografia. Sebbene a tutt'oggi non sia reperibile una crittoanalisi di Blowfish atta a "romperne" la sicurezza, questo algoritmo sta suscitando nuovamente interesse soprattutto quando implementato con una maggior dimensione dei blocchi, come nel caso di **AES.** Blowfish ha una dimensione blocco a 64 bit e una lunghezza di chiave variabile fra i 32 e i 448 bit. Blowfish non è soggetto a nessun brevetto ed è quindi liberamente utilizzabile da chiunque. Questo ha contribuito alla sua popolarità nei software di crittografia.

Steganos file manager

Questa è la parte della suite che riguarda la steganografia. L'interfaccia utente è molto intuitiva e ricorda quella di noti programmi di compressione, con i quali in effetti ci sono delle affinità nell'utilizzo. La differenza è che mentre un programma di compressione permette di inserire dati in un archivio compresso, questo strumento consente di nascondere dati all'interno di file BMP o WAV. Ecco il suo funzionamento.

Dopo aver cliccato su *New*, abbiamo la possibilità di compilare l'elenco dei file e/o delle directory da nascondere. Fatto ciò, cliccando su *Close and secure* possiamo scegliere se cifrare soltanto o anche nascondere i dati. L'operazione di *Hide* infatti presuppone comunque, nel rispetto del sistema steganografico ideale, una operazione preliminare di cifratura. Dopo aver scelto *Hide*, il programma ci chiede in che modo gestire il file contenitore: possiamo scegliere di far cercare automaticamente un file contenitore appropriato tra quelli disponibili sull'hard-disk, di generare un nuovo file o di selezionare un determinato file come contenitore che, ovviamente, dovrà essere di una grandezza tale da contenere le informazioni che vogliamo nascondere, altrimenti ci verrà chiesto di selezionare un file di dimensioni maggiori.

Dalle prove effettuate risulta che il programma opera sostituendo, sempre e comunque, soltanto l'ultimo bit meno significativo per non pregiudicare la qualità del file contenitore.

Viene richiesta infine una password che funge da chiave e l'operazione è completata.

Per effettuare l'operazione inversa, ossia recuperare i dati nascosti, è sufficiente cliccare su *Open* nella schermata principale, indicare il file contenitore ed inserire la password opportuna. Anche in questo tool viene utilizzato l'algoritmo AES per la cifratura.

Shredder
Quando si cancella un file, in realtà esso non viene eliminato fisicamente dal disco, nemmeno quando è svuotato il cosiddetto

cestino, di conseguenza è possibile recuperarlo con opportuni software.

Questo tool cerca di evitare questo problema cancellando i file permanentemente. Tuttavia, nella documentazione del software, si legge che non è assicurata la totale eliminazione dei dati, in quanto i moderni sistemi operativi utilizzano tecniche di swap dei dati e non è possibile cancellare completamente informazioni da un supporto magnetico. Nelle note viene consigliato, se si hanno forti esigenze di sicurezza, addirittura di distruggere il support.

Password manager

Questo tool infine gestisce tutte le password utilizzate per il programma stesso e per account a servizi in rete. Ancora una volta è utilizzato AES per la cifratura.

Diamo ora un'occhiata a qualche altra versione di Steganos Security Suite.

Steganos Security Suite 5.06

La versione italiana della release 5.06 di Steganos Security Suite non si discosta molto da quella precedentemente descritta. Essa offre la possibilità di crittografare testi ed allegati di posta elettronica, con decodifica automatica alla ricezione del messaggio da parte del destinatario.

Il software che andremo a descrivere, pur se nelle sue caratteristiche essenziali, è da anni riconosciuto come uno dei migliori, sia per affidabilità, in quando ha un sorgente disponibile a tutti e dunque senza backdoor che potrebbero permettere l'accesso a soggetti indesiderati, che per completezza, in quanto non è soltanto un programma di steganografia. La suite completa è scaricabile gratuitamente e in prova per 30 giorni dalla pagina download del sito della casa madre.

Uno dei punti di forza di questa suite è la facilità d'uso consentita dalla completa integrazione con Windows. Infatti, le funzioni più importanti sono accessibili direttamente azionando il tasto destro del mouse sul file che si vuole crittare, nascondere o eliminare definitivamente.

Se si decide di crittarlo ("**Encrypt**") ci verrà chiesta una password che determinerà la trasformazione del file originario in un file con estensione.sef (Steganos Encrypted File). Successivamente sarà possibile decrittare il file .sef cliccandolo col tasto destro e scegliendo la voce "**Decrypt**".

Ma se si volesse evitare che qualcuno, sbirciando nel nostro PC, si accorga dell'esistenza di file crittati e pensi che abbiamo qualcosa di losco da nascondere, potremmo utilizzare il comando "**Hide**". A questo punto si aprirà un semplice wizard che ci guiderà nella nostra operazione di occultamento steganografico. Ci verrà chiesto se cercare manualmente il file contenitore ("**Carrier**"), automaticamente o crearlo al momento. I file supportati come carrier possono avere queste estensioni: .bmp, dib (per i file immagine), .txt, .html, e altri non specificati (per i file di testo), .wav, .voc (per i file audio).

Ecco alcune caratteristiche peculiari.

Password Management

Questa sezione fornisce la possibilità di salvare tutte le tue password, i codici PIN e altri codici di accesso in un unico posto sicuro protetto da una chiave crittografica a 128 bit. Tale chiave potrà essere generata anche automaticamente utilizzando un semplicissimo wizard ("**Generate**").

Per creare la lista personale di password basta aprire "Steganos II Security Suite" e cliccare su "**Password Management**". Posizionandosi sul riquadro vuoto che si apre sulla sinistra e azionando il tasto destro, si potrà creare la lista dei vari codici d'accesso posseduti (scegliendo l'opzione "**add password entry**" seguita dal tipo di password che si vuole immettere). Una novità importante è quella di poter condividere password con altri colleghi attraverso il sistema "**InKA**" (*Invisible Key Agreement*) seguendo le istruzioni di un comodo wizard.

Zero Emission Pad

Questa è una delle novità rispetto alle prime release del programma. Studiato insieme alla Università di Cambridge, viene messo a disposizione il primo completo editor di testo a bassissima emissione di radiazioni chiamato "**Steganos II Zero Emission Pad**", in modo da evitare la cattura dei dati a causa di attacchi TEMPEST.

Anche qui un breve excursus per meglio comprendere la problematica si rende necessario.

TEMPEST[17] (**Transient Electromagnetic Pulse Emanation Standard**) è adottato dal governo degli Stati Uniti per identificare un pacchetto segreto di standard utilizzati per limitare le radiazioni elettriche o elettromagnetiche emesse da equipaggiamenti elettronici. Tutti i dispositivi elettronici come microchip, monitor, stampanti, etc. emettono radiazioni attraverso l'etere o attraverso conduttori (come acquedotti o elettrodotti).

Negli anni '50 il governo americano iniziò a capire che queste emissioni potevano essere limitate, ma anche catturate e ricostruite in modalità remota. Ovviamente le emissioni provenienti da un frullatore non catturarono l'immaginazione governativa tanto quanto le emissioni provenienti da dispositivi elettrici di criptazione. Infatti, se si fosse riusciti a registrarle, interpretarle e a

---

[17] http://www.vincos.it/IctrlU/tempest.htm

ricostruirle su un dispositivo similare, sarebbe stato facile svelare messaggi codificati. Così fu dato inizio al progetto TEMPEST.

Lo scopo principale era quello di introdurre degli standard che consentissero una minore fuoriuscita di emissioni utili dai propri dispositivi usati per processare, trasmettere e immagazzinare dati riservati. Il fine era quello di difendersi da possibili ladri di informazioni elettromagnetiche avversi. Da allora molti strumenti utilizzati dalle agenzie governative usano standard di schermatura; addirittura si è arrivati a schermare intere stanze o edifici e in più a dotarli di misure di "jamming" (distorsione) dei segnali elettromagnetici.

Anche se remota, la possibilità di subire un attacco TEMPEST per un utilizzatore medio di PC è possibile. Le modalità con cui l'attacco può avvenire non sono ben chiare. Ciò che è certo è che lo spione deve essere fornito di un'apparecchiatura non indifferente in termini di prezzo e di dimensioni e deve trovarsi nelle vicinanze del monitor da attaccare (sembra non più lontano di un km).

Steganos Syslock

Se si ha la necessità di fare una pausa ed abbandonare perciò la postazione PC anche solo per poco tempo, ma si ha timore che qualcuno sbirci i documenti su cui si sta lavorando, si può attivare "**Steganos Syslock**" in modo da bloccare il PC. Chi tenterà un accesso non autorizzato si troverà di fronte ad una richiesta di password invalicabile, accompagnata, se si vuole, da un file audio, creato precedentemente, altamente minaccioso.

Steganos Shredder

Questo tool consente di distruggere un file compromettente in maniera definitiva in conformità agli standard utilizzati dal ministero della difesa statunitense. Ciò vuol dire che non solo verrà cancellato il contenuto del file, come fanno anche altri software, ma verranno distrutte anche le informazioni sul nome, sulla dimensione, sulla data e ora di creazione e di modifica e sugli attributi.

Steganos Security Suite 6.0

I propri dati sono riservati e tali devono restare. Steganos Secuity Suite 6.0, in linea con le precedenti versioni, è un pacchetto che consente di proteggere in maniera efficace e completa i propri dati sul PC e durante la navigazione in Internet. Tramite questa suite è possibile criptare e nascondere file e documenti, distruggere in modo permanente i file che si vogliono far sparire dalla circolazione, spedire e-mail criptate, avere un luogo dove memorizzare tutte le password personali senza che vengano intercettate da estranei. La licenza è di tipo shareware per sette giorni senza limitazioni, dopo di ciò è prevista la registrazione per 60 dollari circa.

Steganos Security Suite 7.0.4

La sua demo, utilizzabile per 7 giorni, offre nuove funzionalità per proteggere, mascherare e crittografare i file dell'hard disk.

Steganos Security Suite v7.0.5

Anche questa versione è reperibile sul sito http://www.steganos.com. La dimensione che il download occupa sul disco fisso è di 16.6 Mb ed i sistemi operativi supportati sono: Windows 9X/ME/2000/NT/XP.

Steganos Security Suite 2006

Con questa versione Steganos aggiorna la sua Suite Security con la cifratura a AES 256 bit. La versione precedente, a differenza dell'applicazione singola Safe8, usava ancora il 128 bit. Il download è reperibile al seguente URL:

http://www.steganos.com/?area=download&product=sss2006&id =549976&l=en

Il prodotto è solo a pagamento, come tutte le applicazioni della casa, ma con possibilità di prova. Chi aveva a suo tempo o ancora riesce a registrare la versione gratuita 6, può averla con uno sconto notevole.

5.2 S-Tools 4

S-Tools 4, scritto da Andy Brown, è un programma steganografico tra i più diffusi ed è facilmente reperibile in rete presso i più comuni siti di software freeware. L'uso del programma, infatti, è completamente gratuito ed illimitato nel tempo. La versione 4 è stata rilasciata nel 1996 e da allora non sono state prodotte nuove versioni, vista anche la sua grande funzionalità. Il programma può essere utilizzato su un qualunque PC con sistema operativo Windows in tutte le versioni, lo spazio richiesto su hard disk è trascurabile (solo 272 KB). Supporta i formati WAV, BMP e GIF come file contenitori. L'installazione è semplicissima.

Si prende il file scaricato da Internet, lo si decomprime in una nuova cartella e si esegue il file **S-TOOLS.EXE** che ci presenta una schermata introduttiva per poi rivelarsi con la sua interfaccia molto semplice.

La particolarità di questo programma è un'interfaccia utente basata esclusivamente sul drag&drop, ossia le azioni del mouse "trascina" e "rilascia". I menù infatti, come si può vedere nell'immagine sottostante, si presentano molto scarni.

Lo schema di utilizzo è il seguente:

1) Si trascina il file contenitore da una finestra di un file manager nella finestra principale di S-Tools.
2) Si trascina il file segreto sul file contenitore.
3) Si sceglie la passphrase e l'algoritmo di cifratura;
4) A questo punto viene generato il nuovo file contenente il messaggio segreto ed è possibile salvarlo.

Per estrarre il messaggio segreto dal contenitore si segue uno schema simile:

1) Si trascina il file contenitore da una finestra di un file manager nella finestra principale di S-Tools.
2) Si seleziona *Reveal* cliccando col tasto destro del mouse sul file contenitore trascinato.
3) Si sceglie la passphrase e l'algoritmo di cifratura.
4) Se la passphrase è giusta compare un elenco dei file nascosti ed è possibile salvarli.

Ma vediamo in dettaglio il funzionamento interno di questa applicazione.

Intanto dobbiamo dire che questo programma permette di nascondere anche più documenti nello stesso oggetto. I file da nascondere vengono compressi e successivamente nascosti includendo i loro nomi. Il tutto viene infine criptato usando una password scelta dall'utente. Sarebbe forse troppo semplice se i dati venissero nascosti come una sequenza lineare di bit, e allora S-Tools crea un numero casuale generato sempre dalla password e lo usa per scegliere la posizione del bit successivo dell'oggetto di copertura da usare.

Se per esempio in un file con 100 bit disponibili per nascondere informazioni se ne vogliono nascondere 10, S-Tools non sceglie i bit da 0 a 9 che potrebbero essere facilmente identificati da un eventuale nemico, ma potrebbe scegliere i bit 63, 32, 89, 2, 53, 21, 35, 44, 99, 80, o altri 10, che vengono determinati univocamente dalla password.

Ma come vengono nascosti in pratica i dati nei due tipi di file?

Vediamo in principio i file sonori. Questi sono, per loro natura, stime non precise del corretto valore dell'onda sonora in un particolare momento del tempo.

Ad esempio i file sonori WAV in Windows sono immagazzinati usando 8 o 16 bit (che vengono poi eventualmente convertiti da una scheda sonora). Un file da 8 bit implica che i valori possono essere in un range da 0 a 255. Il range dei 16 bit varia invece da 0 a 65535. Tutto quello che S-Tools fa è distribuire la sequenza di bit che corrispondono al file da nascondere nei bit meno significativi del file sonoro.

Ad esempio, ammettiamo che siano presenti i seguenti otto byte di informazione da qualche parte:

> 132   134   137   141   121   101   74
> 38

che in binario diventano:

> 10000100   10000110   10001001
> 10001101 01111001   01100101   01001010
> 00100110

Supponendo di voler nascondere il byte 11010101 (cioè 213) in questa sequenza, il programma semplicemente sostituisce i bit meno significativi di ogni byte con il corrispondente bit estratto dal byte che si vuole nascondere. In questo modo la sequenza originaria è diventata:

> 133   135   136   141   120   101   74
> 39

che in binario è:

> 1000010[b]1[/b]   1000011[b]1[/b]   1000100[b]0[/b]
> 10001101
> 0111100[b]0[/b]   01100101   01001010   0010011[b]1[/b]

Come si può quindi vedere, i valori del file sonoro sono cambiati, al massimo, di un valore per ciascun byte. Questa differenza non sarà assolutamente percepibile all'orecchio umano. Nel caso delle immagini, il ragionamento è lo stesso del metodo descritto sopra, con qualche particolare accorgimento nel caso delle immagini GIF dato che sono un formato compresso a 8 bit. La palette dei colori, alla fine del processo, risulterà leggermente diversa da quella originaria in quanto i valori dei pixel sono stati cambiati nel corso dell'operazione.

5.3 Jsteg Shell 2.0

Questo programma, scritto da Derek Upham e John Korejwa, funziona su tutte le versioni di Windows esclusa la 2000. E' specifico per il formato JPG ed è utilizzabile in due modalità: a linea di comando oppure con un comodo wizard che guida passo dopo passo nelle operazioni e permette di specificare tutti i parametri della versione a linea di comando. Inizialmente, il wizard ci chiede se nascondere un file o estrarre un file già nascosto.

Scegliendo Hide file, si passa a scegliere il file da nascondere e si decide se utilizzare anche la crittografia, con sistema RC4-40, inserendo eventualmente la password.

Ricordiamo che RC4 è un sistema progettato per la protezione dei dati ed è essenzialmente uno pseudo generatore di numeri casuali. Il sistema RC4, come anche RC2, sono stati inventati da Ron Rivest (come indica anche la sigla RC=Ron's code oppure Rivest's code). Sono codici a blocco e a flusso che in minimi termini significa che quando un codice cifrato viene applicato ad un bit, un byte o una parola alla volta, viene detto codice cifrato a flusso. Quando viene applicato a gruppi viene detto codice cifrato a blocchi. Entrambi gli algoritmi utilizzano chiavi a lunghezza variabile ma, naturalmente, più sono lunghe più il testo cifrato è sicuro.

Ma continuiamo ora nella descrizione del funzionamento di Jsteg Shell 2.0.

Successivamente, si sceglie il file contenitore e si settano eventualmente opzioni che permettono di applicare lo smoothing, di produrre il file output in toni di grigio, etc, infine si provvede a salvare il file prodotto contenente il messaggio segreto.

Scegliendo invece Extract file si sceglie il file contenente il messaggio segreto, si inserisce l'eventuale passphrase nel caso si sia utilizzata la crittografia e si provvede a salvare il file segreto. L'unico difetto di questa interfaccia è che tutte le volte che c'è bisogno di inserire una passphrase non compaiono i caratteristici asterischi, di conseguenza la passphrase è visibile durante la digitazione.

5.4 MP3stego

MP3stego si occupa di steganografia con file MP3 utilizzati come contenitori. E' stato rilasciato nell'agosto del 1998 ed è disponibile sia per i sistemi operativi Microsoft che per Linux. Oltre all'eseguibile, l'autore Fabien Petitcolas (Computer Laboratory, Cambridge (UK)) distribuisce anche il sorgente liberamente. Il programma si basa su un'interfaccia a linea di comando, anche se è possibile scaricare una interfaccia grafica ancora da migliorare. Esistono due comandi: Encode e Decode. Ecco un esempio dell'utilizzo di Encode:

```
encode -E data.txt sound.wav sound.mp3
```

Il programma prende come input il file da nascondere in formato txt e il contenitore in formato wav. Dopodiché provvede a comprimere il file wav iniettando, durante la fase di compressione stessa, il file txt e generando in output il file mp3.

Per estrarre il file nascosto si utilizza il comando Decode.

```
decode -X sound.mp3
```

Con questo comando si decomprimerà il file sound.mp3 in sound.mp3.pcm, tentando di estrarre eventuali informazioni nascoste e salvandole in sound.mp3.txt.

5.5 Gif-it-up 1.0

Questo software è dedicato alla steganografia con file GIF come contenitori ed utilizza le tecniche già descritte. E' stato realizzato nell'Università del Galles dalla Nelsonsoft e rilasciato nel 1998. Funziona su tutte le versioni di Windows esclusa la 2000.

L'interfaccia è tra le più comuni. Prima si apre il file contenitore e poi, come al solito, è possibile scegliere tra due comandi da un menu: *Inject* e *Extract* a seconda che il file segreto sia da inserire nel file contenitore o da estrarre. Nella fase di iniezione, se il file GIF non utilizza tutti i colori della palette, è possibile estendere i colori a tutta la palette in modo da sfruttare tutte le permutazioni possibili dei colori della palette. Si può utilizzare anche la crittografia e quindi inserire una password. L'operazione di estrazione, invece, richiede semplicemente la password e ci fa salvare il file nascosto estratto.

5.6 Wbstego

L'interfaccia grafica e la semplicità di WbStego99 sono le prime cose che colpiscono chi lo usa per la prima volta. È sufficiente eseguire le indicazioni fornite dal programma per portare a termine con successo un'operazione di codifica e decodifica senza bisogno di leggere il manuale. La procedura guidata permette di eseguire le operazioni di codifica e decodifica facilmente, limitando la possibilità di errore.

Ecco come fare per codificare un documento all'interno di un'immagine.

Selezionare il bottone *Continue*, scegliere *Encode* per iniziare le operazioni di codifica. Selezionare il file di trasporto: WbStego99 individuerà automaticamente il formato utilizzato leggendo l'estensione del file. E' possibile comunque indicare il formato in modo manuale.

Selezionare quindi il file da occultare (nella versione registrata è possibile scegliere una password). Indicare infine il nome del file nel quale si vuole salvare il risultato finale. WbStego mette a disposizione dell'utente due ottime interfacce grafiche alternative: le precedenti operazioni si possono anche svolgere utilizzando un'interfaccia grafica a diagramma di flusso alla quale si accede selezionando la voce di menu *Flowchart-Mode*.

La mancanza principale è l'impossibilità di codificare all'interno di un unico file più messaggi, funzionalità che è offerta dai suoi diretti concorrenti. Ottime comunque sono l'interfaccia molto pulita e la procedura guidata, che permette di eseguire le operazioni passo dopo passo.

5.7 Steghide

"Steghide"[18] è un programma di steganografia scritto in C++, per Linux e Windows, rilasciato sotto licenza GNU/GPL. Esso consente di sfruttare immagini digitali nei formati Windows Bitmap e JPEG e file audio digitale nei formati Windows Wave e Sun/NeXT AU come file contenitori; qualsiasi tipo di file può essere usato invece come messaggio da celare il quale può essere criptato e compresso. Oltre ai dati veri e propri è possibile includere anche il nome del file messaggio e un checksum per verificare l'integrità dei dati all'atto dell'estrazione.

L'algoritmo di crittografia usato per default è il "Rijndael", con chiave a 128 bit in modalità *cypher block chaining*, che costituisce l'Advanced Encryption Standard, o AES, già descritto precedentemente.

È comunque possibile scegliere un algoritmo qualsiasi tra diciotto disponibili, ognuno dei quali può operare in vari modi. Per avere una lista completa degli algoritmi e delle modalità supportate è sufficiente eseguire il seguente comando:

---

[18] http://steghide.sourceforge.net/
   - http://steghide.sf.net/
   - http://cocchiar.web.cs.unibo.it/steg/

```
steghide -encinfo
```

Passiamo ora a descrivere la funzionalità di Steghide.

La sintassi a riga di comando di Steghide è abbastanza semplice; la struttura di base è la seguente:

```
steghide comando [ argomenti ]
```

I comandi possibili sono embed, extract, info, encinfo, version, license, help.

Di encinfo abbiamo già parlato sopra, mentre gli ultimi tre sono abbastanza intuibili senza bisogno di ulteriori spiegazioni.

Di seguito spieghiamo quindi gli altri, che costituiscono il cuore di Steghide.

Il comando embed viene usato per inserire un documento all'interno di un file contenitore. In aggiunta alla crittografia e al checksum cui abbiamo accennato sopra, c'è la possibilità di proteggere i dati con una passphrase, che verrà richiesta all'atto dell'estrazione. In questa fase è possibile scegliere il livello di compressione da usare così come l'algoritmo e la modalità di crittografia. Non è obbligatorio incorporare il nome del documento da nascondere, né il checksum; non farlo può essere utile quando lo spazio usabile nel file contenitore è piuttosto esiguo.

Un esempio d'uso del comando embed può essere il seguente:

```
$ steghide embed -cf picture.jpg -ef
secret.txt
    Enter passphrase:
    Re-Enter passphrase:
    embedding           "secret.txt"           in
"picture.jpg"... done
```

Nell'esempio appena citato il file `secret.txt` (embed file) viene nascosto all'interno del file `picture.jpg` (cover file). Non sono specificati altri flag per cui l'embed file viene compresso e crittografato per default con AES. Il file `picture.jpg` dunque, alla fine dell'operazione, contiene il file secret.txt.

Col comando `extract` è poi possibile estrarre dal file prodotto precedentemente il documento celato. Anche in questo caso l'uso è molto semplice e i parametri passabili all'eseguibile sono anche meno che nel caso precedente; va specificato il nome del file da cui tentare l'estrazione ed eventualmente la passphrase, che altrimenti verrà richiesta interattivamente. Si può anche scegliere il nome del file di output che conterrà il documento estratto.

```
$ steghide extract -sf picture.jpg -
xf secret.txt
    Enter passphrase:
    wrote extracted data to "secret.txt".
```

L'ultimo comando fondamentale è `info`.

Con esso si possono raccogliere informazioni su un qualsiasi file dei tipi supportati, come ad esempio la capacità. Può essere quindi utile prima di un `embed` per verificare che il file contenitore scelto possa contenere il file da nascondere. Il comando `info` può opzionalmente restituire informazioni anche sul contenuto nascosto in un file contenitore, per il quale va fornita la passphrase usata in fase di `embed`. Il tutto si rende maggiormente comprensibile guardando l'esempio seguente:

```
$ steghide info received_file.wav
"received_file.wav":
format: wave audio, PCM encoding
capacity: 3.5 KB
Try to get information about embedded
data ? (y/n) y
Enter passphrase:
embedded file "secret.txt":
size: 1.6 KB
encrypted: rijndael-128, cbc
compressed: yes
```

Diamo ora uno sguardo al suo funzionamento interno.

La tecnica di steganografia usata da Steghide si basa sulla teoria dei grafi.[19] Per prima cosa il file da celare viene compresso e criptato; poi viene creata una sequenza di posizioni di pixel nel file contenitore (prendiamo come esempio una immagine digitale come file contenitore) usando un generatore di numeri pseudo-casuali inizializzato con un hash della passphrase. Queste posizioni saranno quelle in cui verrà nascosto il file da celare.

Nella sequenza generata vengono ordinate quelle posizioni che già contengono il valore che dovrebbe essere inserito; un algoritmo di matching elabora la sequenza per trovare coppie di posizioni tali per cui scambiare i valori dei pixel relativi permette di ottenere l'inserimento del file da celare nel file di copertura.

Gli scambi hanno effettivamente luogo quando l'algoritmo non trova più altre coppie di questo tipo. Alle posizioni dei pixel che non fanno parte delle coppie trovate vengono inseriti i dati del file da celare, ma in questo caso si sovrascrive il valore presente invece di scambiarlo con quello di un'altra posizione.

Poiché la maggior parte degli inserimenti vengono effettuati scambiando valori di pixel, le statistiche del primo ordine (come il numero di volte che un colore compare in un'immagine) non vengono cambiate: questo rende lo stegofile prodotto resistente agli

---

[19] In matematica si dice grafo (da non confondere con grafico) una figura costituita da punti, detti vertici o nodi, e da linee che li uniscono, dette lati o spigoli o archi. Più formalmente, dati un insieme V di nodi e un insieme E di archi un grafo G è un insieme G = (V, E). In sostanza sono oggetti discreti che permettono di schematizzare una grande varietà di situazioni e di processi e spesso di consentire di analizzarli in termini quantitativi ed algoritmici.
In termini informali, per grafo si intende una struttura costituita da:
• oggetti semplici, detti vertici o nodi,
• collegamenti tra i vertici. I collegamenti possono essere:
  • orientati, e in questo caso sono detti archi, e il grafo è detto orientato
  • non orientati, e in questo caso sono detti spigoli, e il grafo è detto non orientato eventualmente dati associati a nodi e/o collegamenti

attacchi di quei programmi che usano tecniche di rilevamento basate su statistiche del primo ordine. Per file contenitori audio l'algoritmo seguito è lo stesso, con la differenza che invece dei pixel vengono considerati i sample audio.

Concludiamo questo paragrafo accennando a un progetto nato con l'intento di complementare l'utilizzo di Steghide.

Si tratta dello sviluppo di un'interfaccia grafica (SteGUI) che permette di controllare tale software e anche di visualizzare le immagini e riprodurre i file audio che esso supporta. Tramite la GUI è possibile quindi eseguire tutte le operazioni effettuabili normalmente da riga di comando, ed in più verificare che le operazioni di embed dei dati in immagini e file audio non creino variazioni tali da rendere palese l'uso della steganografia. Allo stesso modo si possono visualizzare o riprodurre file nascosti estratti da uno stegofile con un unico tool.

5.8 Secur Star DriveCrypt

Facciamo un accenno anche a questo programma molto efficace.

Dobbiamo dire che, i software "steganografici" più validi non si limitano a nascondere il messaggio da proteggere all'interno di una certa tipologia di file, ma aggiungono una difesa in più, data dall'uso della crittografia sul testo in chiaro.

Secur Star DriveCrypt,[20] tra le sue funzionalità, integra la possibilità di nascondere delle informazioni all'interno di file audio in formato wav.

Come primo passo, dopo avere installato il programma, è necessario cliccare sul pulsante *Create disk* attivando, questa volta, l'opzione *I wish to hide my new disk in existing sound files.*

Per poter sfruttare le abilità steganografiche di DriveCrypt, è necessario disporre di un file wav, già memorizzato sul disco: all'interno di esso verranno poi memorizzate le informazioni da difendere.

Dopo aver scelto un file wav (le sue dimensioni debbono essere superiori a 2 MB), si deve indicare a DriveCrypt il numero di bit da impiegare per la creazione del file finale. Scegliendo la prima opzione, DriveCrypt utilizzerà 4 bit del file originale per fare spazio ai dati da proteggere; selezionando la seconda opzione verranno invece impiegati 8 bit.

Alla fine dell'operazione, il file prodotto da DriveCrypt apparirà in tutto e per tutto un normale file audio che può essere normalmente riprodotto con qualsiasi software, ad esempio con Windows Media Player. In realtà, al suo interno, saranno conservate segretamente le informazioni da proteggere.

Le dimensioni del file wav generato saranno le medesime di quello originale in modo da non ingenerare alcun sospetto: si otterrà però un audio di qualità inferiore nel caso in cui si sia scelto di usare 8 bit (per evidenti ragioni, il file wav di partenza deve essere obbligatoriamente campionato a 16 bit).

Va tenuto altresì presente che DriveCrypt non crea una copia di backup del file audio specificato: se tale file è importante, è

---

[20] Articolo di Michele Nasi fruibile su:
http://www.01net.it/01NET/HP/0,1254,35_ART_87809_kw208,00.html?lw=35

assolutamente indispensabile avere cura di effettuare una copia della versione originale.

Altra cosa importante è che è possibile stabilire sino a quattro password per la protezione del disco virtuale cifrato che DriveCrypt inserirà nel file wav.

Come nel caso della creazione di un'unità virtuale cifrata, anche per quanto concerne la creazione nel volume da inserire nel file wav, è possibile scegliere tra undici algoritmi crittografici. *Rijndael AES 256 bit* offre un buon compromesso tra sicurezza e performance.

Quindi, a differenza di altre utilità similari, Secur Star DriveCrypt inserisce nel file wav, utilizzando la tecnica della steganografia, un vero e propria disco virtuale crittografato. Al termine della procedura passo-passo, il nuovo volume verrà automaticamente "montato" ossia risulterà visibile nella finestra Risorse del computer di Windows ed accessibile da parte di qualsiasi applicazione installata sul sistema.

Un robusto sistema, dunque, a dimostrazione del fatto che, utilizzando la tecnica della steganografia, si hanno notevoli vantaggi. Oltre, nel caso di DriveCrypt, a poter fidare, a difesa dei propri dati, su di un elevato grado di sicurezza derivante dall'impiego di solidi algoritmi crittografici e dall'uso di quattro password di protezione, servendosi della steganografia si può negare che una certa informazione sia in proprio possesso. Questa possibilità si rivela particolarmente utile allorquando qualcuno cerchi di estorcerci dati sensibili ed informazioni importanti che debbono restare segrete.

5.9 Snow

Concludiamo questo capitolo dedicato ai software steganografici più in uso con un'applicazione che si differenzia a livello applicativo da quelli descritti sinora. Il suo nome è alquanto originale ma molto significativo: "Snow" (steganographic nature of whitespace)[21], definito anche software di steganografia degli "spazi bianchi".

Vediamo perché, e soprattutto di che cosa si tratta.

Il programma Snow è stato concepito ed implementato per nascondere un messaggio di testo all'interno di un altro messaggio di testo. Si, avete capito bene: il file contenitore non è rappresentato da un'immagine o un file sonoro, come abbiamo visto sinora, bensì da un altro file di testo.

Come?

Semplicemente accodando degli spazi bianchi alla fine delle linee scritte del file contenitore ed inserendovi il messaggio nascosto. Questo perché gli spazi e le tabulazioni sono di solito non visibili agli occhi di chi visiona il testo, ma sono comunque codificati in binario, e ciò dunque consente di nascondere un messaggio criptato all'interno degli spazi bianchi senza che si veda minimamente. L'autore dichiara che il nome Snow deriva dal fatto che trovare un testo nascosto all'interno degli spazi bianchi è un po' come cercare di trovare un orso polare in una tempesta di neve!

A dimostrazione di ciò il logo di Snow contiene un'immagine steganografata al suo interno utilizzando proprio degli spazi bianchi.

---

[21] SNOW Home Page http://www.darkside.com.au/snow

Se noi osserviamo il logo vedremo solo la scritta SNOW in uno sfondo bianco. In realtà al suo interno si nasconde l'immagine di un orso.

Ma entriamo nei dettagli algoritmici di questo software per capirne la funzionalità.

Il programma Snow, come tutti i software steganografici, prevede la possibilità di celare un messaggio all'interno di un contenitore e la sua successiva estrazione. Il processo steganografico avviene passando attraverso le fasi di compressione e criptazione dei dati da nascondere.

La compressione dei dati avviene attraverso l'algoritmo Huffman che, seppure molto semplice e forse rudimentale, consente comunque una compressione che varia dal 25 al 40% applicabile anche a testi di esigue dimensioni. Nel caso si volesse utilizzare un testo molto più corposo e pesante dal punto di vista dello spazio occupato su disco, si può agevolmente bypassare la funzione di compressione di Snow ed effettuare questa operazione sul file prima che venga "trattato" da Snow.

Accenniamo ora brevemente, senza scendere nei dettagli tecnici della crittografia, di come i dati vengono criptati. L'algoritmo utilizzato si chiama ICE (*Information Concealment Engine*) e il suo funzionamento si avvicina in parte alla tradizione DES. E' un algoritmo, di pubblico dominio e senza alcun copyright, a chiave privata da 64 bit che può estendersi per blocchi multipli di 64 bit, a differenza del DES che è limitato a 56 bit.

Una volta compresso e criptato, il messaggio è pronto per essere steganografato.

Come avviene?

Viene aggiunto un primo TAB alla fine dell'ultima lettera del testo in chiaro e subito dopo vengono inseriti i dati da celare in blocchi da tre bit ciascuno codificando fino a sette spazi vuoti. In pratica, TAB e spazi bianchi si alternano. Avremo dunque una situazione del genere: il testo in chiaro, un TAB, un blocco di spazi bianchi in cui viene codificato un frammento di dati da celare, un altro TAB, un altro blocco di spazi bianchi e così via.

La sintassi di Snow infine prevede i seguenti elementi costitutivi:

```
snow  [  -CQS ]  [  -p]  [  -f  |  -m]  [
infile [ outfile ]]
```

le cui opzioni prevedono:

-C   Comprime o decomprime di dati.

-Q   Consente il settaggio del "quiet mode". Se non abilitato, il programma riporta statistiche varie sulla percentuale di compressione, spazio utilizzato e disponibile.

-S   Fa un report circa lo spazio disponibile per il messaggio da celare

-p   Password

-f   Viene inserito il contenuto di un determinato file all'interno del file contenitore

-m   Viene inserito un messaggio all'interno di un file di testo contenitore.

Concludiamo con un esempio pratico.

Il comando seguente nasconderà il messaggio "*Questa è una prova di steganografia*" all'interno del file testo1.doc, con compressione e criptato con password "12345678".

Il risultato finale, che comprende un file di testo con al suo interno un messaggio nascosto, sarà poi salvato su un file chiamato testo2.doc.

```
snow -C -m "Questa è una prova di
steganografia" -p "12345678" testo1.doc
testo2.doc
```

Per fare il procedimento inverso e dunque estrarre il messaggio, si utilizzerà il comando il seguente:

```
snow -C -p "12345678" testo2.doc
```

6. La Steganografia nei file multimediali

Siamo giunti, dunque, a parlare della steganografia applicata ai file multimediali, uno degli argomenti caratterizzanti di questa nuova edizione del libro. C'era la necessità per farlo, vista la rapida evoluzione della steganografia che non si è limitata all'utilizzo nelle immagini e nei file audio, ma ci ha fatto assistere ad una crescita esponenziale che l'ha portata ad un utilizzo integrato di più media. Mi riferisco alla steganografia applicata ai video.

Prima però di arrivare a parlare di steganografia applicata ai file multimediali, ai fini di una migliore comprensione dell'importanza che riveste in questo caso la steganografia, ritengo opportuno chiarire alcuni concetti fondamentali su cui si basa la multimedialità. Pertanto, prima di arrivare a trattare nello specifico la materia, toccando con mano alcuni esempi applicativi di software che si occupano di steganografia nei file video, andiamo a definire il concetto di comunicazione multimediale.

Abbiamo già avuto modo di parlare dei media nel paragrafo 4.1, ed abbiamo anche accennato alla comunicazione multimediale nel capitolo inerente Bin Laden.

Vediamo ora di approfondirne le conoscenze.

6.1 Che cos'è la multimedialità

Quando parliamo di multimedialità ci riferiamo alla compresenza e interazione di più mezzi di comunicazione in uno stesso supporto informativo. Si parla di contenuti multimediali, specie in ambito informatico, quando per comunicare un'informazione riguardo a qualcosa ci si avvale di molti media, diversi tra loro, quali possono essere le immagini in movimento di un video, le immagini statiche delle fotografie, la musica e il testo; i nuovi media, insomma.

Ad esempio, un'enciclopedia multimediale, come può essere la famosissima "Wikipedia"[22] su Internet, a differenza di una normale enciclopedia cartacea, permette di associare ad ogni voce non solo la sua spiegazione testuale, ma anche fotografie, disegni esplicativi, filmati, suoni, commenti audio, etc.

Dobbiamo però affermare che, sebbene a livello concettuale un prodotto analogico possa essere considerato multimediale, come ad esempio un'enciclopedia cartacea, in quanto sono presenti più media a supporto dei contenuti, quali testi e fotografie, tuttavia quando si parla di multimedialità ci si riferisce esplicitamente alla comunicazione mediata dall'uso del computer.

Possiamo dunque definire multimediale una comunicazione determinata dall'uso integrato di tecnologie dell'informazione e della comunicazione, che implichino l'integrazione di media diversi, di linguaggi diversi, di strategie comunicative diverse.

---

[22] Wikipedia, Enciclopedia multimediale, www.wikipedia.it

Da ciò scaturisce la cosiddetta convergenza, ossia, l'unione di tanti strumenti resa possibile dalla tecnologia digitale. Convergenza intesa come l'utilizzo di uno schermo per tutti i servizi, utilizzata per esempio nel campo dell'educazione, della sorveglianza, del commercio, dei servizi bancari, dell'intrattenimento, del campo della ricerca, nella medicina, etc. Questo perché il digitale fa convergere le attività locali a livello globale e viceversa.

Concetti molto legati alla comunicazione multimediale sono quelli dell'interattività e dell'ipertestualità.

Vediamoli brevemente.

6.1.1 Multimedialità e interattività

Talvolta la multimedialità viene confusa con l'interattività. Sebbene siano strettamente correlate, hanno tuttavia due concetti distinti e separati. Volendo mantenere lo stesso esempio dell'enciclopedia multimediale che abbiamo citato in precedenza, possiamo asserire che sarà molto probabilmente anche interattiva, ovvero permetterà all'utente di interagire con essa e, nello specifico, comunicare delle indicazioni al programma che gestisce l'enciclopedia, tramite il mouse o la tastiera, e ricevere da esso delle risposte sul monitor; in questo modo, l'utente potrà "dire" all'enciclopedia se di un certo lemma vuole la definizione testuale, oppure vuole vedere i filmati associati, o le foto, o ascoltare l'audio, etc.

Ma vediamo meglio di che cosa si tratta.

L'informatica, che come abbiamo visto è il mezzo attraverso il quale vengono mediate le informazioni della comunicazione multimediale, offre, tra i suoi prodotti, programmi e ambienti software in grado di collegare documenti e, in particolare, di porre l'utente nelle condizioni di scegliere percorsi di fruizione di un sistema di documentazione attraverso l'utilizzo di un'interfaccia con lo strumento computer; interfaccia caratterizzata da oggetti, quali pulsanti, aree di testo, parole chiave, icone, sensibili a eventi generati dall'utente stesso, tipo la scrittura da tastiera o il click del mouse. L'interattività dunque è questo sistema di interazione tra utente e computer, o meglio, tra utente e software di gestione della comunicazione.

Inoltre, l'interattività è la particolare caratteristica di un sistema il cui comportamento non è fisso, ma varia al variare dell'input dell'utente. Quando l'utente trasmette, in un modo qualunque, un'informazione al sistema che sta utilizzando, interagisce con esso; grazie a questa interazione, il sistema può deviare dal suo comportamento prefissato ed adeguarsi alle esigenze dell'utente.

La maggior parte dei sistemi con cui si ha a che fare è generalmente interattiva: una lavatrice è interattiva in quanto modifica il suo comportamento a seconda di come regoliamo le sue manopole e pulsanti, lo stesso dicasi per esempio a proposito di un forno a microonde. Un computer è interattivo perché ci mostra questo o quell'altro dato a seconda delle informazioni che gli forniamo tramite il mouse o la tastiera.

Un esempio di sistema non interattivo è invece la televisione analogica, ossia la televisione classica, l'unica in effetti disponibile da cinquanta anni fino a pochi anni fa, prima dell'avvento della TV digitale. La televisione classica ha una fruizione pressoché completamente passiva: a parte il cambio dei canali e del volume, non è possibile far altro all'utente, che non può ad esempio comunicare con l'emittente per richiedere una particolare trasmissione, cosa che invece è possibile con la moderna TV digitale.

6.1.2 Multimedialità e ipertestualità

Altro termine che spesso crea confusione parlando di multimedialità è l'ipertestualità, la quale, può essere definita come la caratteristica di un documento di utilizzare la struttura dell'ipertesto; il prefisso "iper" sta ad indicare la maggiore valenza di un documento ipertestuale rispetto a un documento "tradizionale" di tipo cartaceo, dovuta al fatto che un documento ipertestuale non deve essere obbligatoriamente letto in modo sequenziale, ma si può saltare da una parte all'altra senza seguire nessun ordine prestabilito.

Per intenderci, la differenza tra un testo classico e un ipertesto è la stessa che passa tra un'audiocassetta e un compact disc: nel primo caso, per ascoltare un qualunque brano dovremo prima posizionarci opportunamente sul punto desiderato del nastro, mentre nel secondo potremo in qualunque momento ascoltare il primo, l'ultimo o un qualunque altro brano.

Il termine ipertesto sembra sia stato coniato da un certo Theodor Holm Nelson[23] il quale, in un trattato del 1965, citava:

"Lasciate che io introduca il termine 'ipertesto' per rappresentare un insieme di materiale scritto o figurato interconnesso in un modo così complesso da non poter essere rappresentato su carta. Esso può contenere sommari o mappe dei suoi contenuti e delle relazioni che vi intercorrono; può contenere annotazioni, note a fondo di pagina di coloro che vi hanno lavorato sopra. Tale sistema, correttamente disegnato e gestito, presenta grandi potenzialità nel campo educativo per l'ampia gamma di

---

[23] Pedroni M., Sistemi e tecnologie della comunicazione, Tecom Project, Ferrara, 2001 (cit.pag.87-88)

scelte, per il suo senso di libertà, per la sua presa intellettuale. Un sistema come questo può crescere indefinitamente, includendo gradualmente sempre maggiori conoscenze".

Bisogna però aspettare il 1989, o meglio, l'aumento delle capacità di calcolo e di archiviazione dei computer, perché queste suggestioni potessero essere raccolte dalla tecnologia per diventare realtà nei laboratori del CERN di Ginevra grazie a Tim Berners-Lee che diede lo spunto iniziale per il World Wide Web con l'intento, inizialmente, soltanto di far circolare le informazioni all'interno di gruppi di lavoro distribuiti geograficamente. Il resto è storia recentissima, l'avvento dei browser, l'enorme diffusione di Internet, il successo enorme dell'HTML e il rilancio dell'ipertesto come forma della comunicazione del futuro.

L'ipertesto, dunque, è una struttura informativa costituita da un insieme di testi o pagine leggibili con l'ausilio di un'interfaccia elettronica, in maniera non sequenziale, per tramite di particolari parole chiamate collegamenti ipertestuali (hyperlink o rimandi), che costituiscono una rete raggiata o variamente incrociata di informazioni, organizzate secondo diversi criteri, ad esempio paritetici o gerarchici, in modo da costituire vari percorsi di lettura alternativi.

Tutte le pagine di un sito Web funzionano con i principi dell'ipertesto il quale, dal punto di vista matematico, può essere definito un grafo, ovvero, un insieme di nodi, rappresentati da testo scritto, grafici, immagini, sonoro, connessi da degli archi con delle relazioni non lineari, ma legate a stella secondo un modello reticolare.

Il sistema d'ipertesto più conosciuto e più ampio è certamente il World Wide Web di Internet, che utilizza il linguaggio HTML (HyperText Markup Language) per definire all'interno del testo istruzioni codificate per il suo funzionamento.

Vediamo come.

Se, ad esempio, una pagina Web qualsiasi contiene informazioni esplicative e aggiuntive su una parola che abbiamo utilizzato su un nuovo documento HTML o su una nuova pagina Web, è possibile creare un legame, chiamato collegamento ipertestuale o semplicemente link, su questo nuovo documento con la pagina già esistente. In questo modo, quando l'utente fruirà del nostro nuovo documento o pagina Web, una volta arrivato a leggere quella determinata parola a cui abbiamo posto un link, avrà la possibilità di approfondire le informazioni relative a quella parola con un solo click del mouse.

Allo stesso modo è possibile indirizzare parole di un documento a parti del medesimo, come nel caso di un indice. Sarà pertanto possibile selezionare con il mouse la parola sottolineata dal tag di rimando o collegamento per visualizzare il testo che contiene la definizione o l'informazione aggiuntiva.

Ma vediamo più da vicino di cosa si tratta.

Il link[24] è l'elemento chiave che la tecnologia informatica ha fornito alla comunicazione, in quanto ha consentito quel salto, reso dal suffisso "iper", per cui un testo diventa un ipertesto.

Vediamo brevemente le varie tipologie di link:

- Il **link unidirezionale** è un collegamento, come dice la parola stessa, unidirezionale, per cui cliccando sulla parola a cui è stato applicato il tag del link, c'è un rimando ad un altro documento predefinito, che può essere sia interno al documento di partenza che esterno.

- Il **link bidirezionale** non è il semplice ritorno indietro di un link unidirezionale, bensì un legame assoluto che permette

---

[24] Ibidem nota 23

flussi dall'uno all'altro e viceversa. In pratica, una volta stabilita una relazione tra due elementi, si instaura un ponte che consente il passaggio a prescindere da quale sia il punto di partenza.

- Il **link multiplo** mette in relazione una risorsa con un gruppo di risorse o viceversa. Può essere realizzato attraverso l'apertura di più finestre o la generazione di più eventi oppure può permettere salti casuali o progressivi dentro un gruppo di risorse.

- I **link che puntano a sezioni strutturali di un documento** individuano come destinazione non più un elemento in base al contenuto, bensì in base a un rapporto strutturale o utilizzando entrambi i parametri, per cui diventa rilevante il rapporto tra i blocchi dei documenti o meglio tra le relazioni astratte dei blocchi per come sono definiti nella struttura.

- I **link che identificano una sequenza di documenti interrelati** individuano una catena per cui ogni documento o parte di esso ne ha uno che lo precede e uno che lo segue, un primo e un ultimo. Questa organizzazione può essere molto utile se si considera che la relazione può variare a seconda della periferica utilizzata, permettendo per esempio una navigazione ipertestuale quando la periferica è un monitor oppure una rigida uscita sequenziale nel caso sia una stampante.

- I **link definiti all'esterno del documento**, in un altro documento o in database, scindono il link che si trova nel documento ipertestuale dalla referenza della destinazione consentendo una maggiore duttilità ed una elevata riutilizzabilità, perché modificando l'archivio in cui alla destinazione si associa il nome del link si modificano automaticamente i link e perché l'archivio può essere fruito da più documenti.

6.1.3 Ipermedialità

L'ipermedialità[25] è il passo evolutivo successivo nella creazione di sistemi di comunicazione supportati da strumenti informatici: il prodotto di comunicazione ipermediale è certamente un prodotto multimediale e interattivo, ma i linguaggi che caratterizzano i singoli documenti confluiscono e stemperano le proprie regole sintattiche in un linguaggio unitario, il linguaggio ipermediale, che possiede una propria sintassi e non è riconducibile ad una mera somma dei linguaggi di origine.

La più sensibile pressione evolutiva nella differenziazione di un linguaggio ipermediale deriva dal Web. Ad una gestione della pagina Web similare alla produzione di documenti cartacei, caratterizzata da lunghi testi regolarmente impaginati e da una grafica che ricorda a tratti le decorazioni degli amanuensi sugli antichi manoscritti, si sostituiscono progressivamente:

- Un linguaggio grafico paragonabile, nei segni usati e nella gestione dello spazio del documento, alla lavagna dell'insegnamento tradizionale in aula.

- Le tecnologie multimediali, quali l'uso dell'audio, di animazioni vettoriali e in parte di filmati.

- Strumenti di strutturazione e navigazione dei contenuti, diversificati in funzione della complessità di utilizzo e delle potenzialità di rappresentazione del contesto di riferimento, finalizzati, oltre alla funzione primaria di agevolazione della fruizione del documento, a mostrare e simboleggiare le relazioni logiche interne ai contenuti espressi.

---

[25] Pedroni M., Poletti G., Comunicazione digitale e basi di dati, Tecom Project, Ferrara, 2001

Possiamo affermare che l'evoluzione del linguaggio ipermediale inizia dalle prospettive di interazione tra il concetto di documento e il contesto spazio-temporale in cui si collocano dinamicamente le informazioni digitalizzate.

Si utilizza a volte il neologismo "ipermediale" o "ipermedialità" per indicare più precisamente la fusione dei contenuti multimediali in una struttura ipertestuale. Infatti, con l'inserimento di contenuti da vari media diversi (multimedia) all'interno di un ipertesto, si è cominciato a utilizzare il termine ipermedia[26], per evidenziare appunto che il sistema non è composto di solo testo.

Si è cominciato dunque a parlare per esempio di ipertesto letterario. Mentre nel campo tecnico e scientifico l'ipertesto si è rapidamente diffuso tanto da diventare con il Web uno strumento indispensabile in questi settori, nel campo letterario è invece rimasto confinato ad ambiti prevalentemente sperimentali. La narrativa si è infatti finora basata sul sistema sequenziale, lineare, di pagine di un libro stampato. La possibilità data da un ipertesto di poter accedere in qualsiasi momento a percorsi di lettura diversi appare attraente ma, con l'aumentare della complessità del sistema, tende a disorientare il lettore e abolisce molte delle convenzioni narrative.

La diffusione dell'ipertesto letterario e narrativo in Italia, a partire dalla metà degli anni Ottanta, ha tendenzialmente cercato di ampliare il dibattito sulle specificità semiotiche dell'ipertesto in relazione alle sue finalità più puramente espressive. Ipertestualisti come Miguel Angel Garcia e Filippo Rosso rappresentano alcuni casi isolati di uno scenario ancora prevalentemente nascosto. Il lavoro di questi ultimi, peraltro, lascia delle domande aperte sulla percorribilità effettiva di una futura canonizzazione dell'ipertesto su scala internazionale.

---

[26] . Nyce J., Kahn P. (a cura di), Da Memex a Hypertext, Franco Muzzio, 1992

Ma si parla anche di iperfilm.

L'iperfilm è un film con struttura ipertestuale o un ipertesto con lessie filmiche nel quale il fruitore sceglie da quale punto di vista proseguire la visione degli eventi. È un po' come alcuni esperimenti filmici distribuiti su DVD in cui la visione del film non è dettata da un percorso sequenziale ma, per esempio, esistono diversi finali della storia narrata, per cui l'utente può scegliere il percorso narrativo che più gli aggrada.

Il primo iperfilm italiano è stato realizzato dal regista Luigi Maria Perotti, il prof. Pier Giuseppe Rossi e l'ing. Marco Marziali. Il progetto, dal titolo Farina Stamen, fu prodotto da Rai Educational e dall'Università di Macerata. Tradizionalmente, una narrazione propone al lettore una sorta di viaggio guidato dall'autore. Presuppone dunque un autore molto attivo, impegnato a predisporre il percorso della narrazione e le sue tappe, lungo le quali accompagnare il lettore. E presuppone un lettore disposto a farsi accompagnare lungo il percorso che l'autore ha preparato per lui. Il Novecento ci ha insegnato che questo percorso può non essere facile, può rinunciare alle rassicuranti unità aristoteliche di tempo, luogo e azione. Attraverso l'iperfilm si rinuncia all'idea stessa di un percorso, narrando in maniera diversa.

6.2 Problematiche inerenti alla steganografia nei video

Sinora abbiamo visto com'è possibile steganografare un file all'interno di un'immagine o di un file audio senza tanti problemi di sorta. Steganografare però un file all'interno di un video è cosa ben diversa e più complicata. Vediamo perché, e soprattutto quali sono le problematiche che si possono incontrare nell'affrontare la steganografia nei video.

Un primo elemento da tenere in considerazione è che, sebbene con i singoli medium la steganografia stia facendo passi da gigante, per quello che concerne invece la multimedialità siamo ancora in una fase embrionale di studio, seppure ad uno stadio avanzato.

Uno dei problemi che ha dovuto affrontare chi si è occupato di steganografia nei video è stato quello degli algoritmi di compressione utilizzati nei video memorizzati sui classici DVD. Difatti, ci sono tantissimi tipi di CODEC per comprimere, e ciò rende difficile l'adeguamento dell'algoritmo agli schemi di compressione, sempre più complicati e diversi fra loro.

C'è da tener presente che gli algoritmi utilizzati per steganografare nelle immagini o nei file audio non sono sufficienti a garantire un utilizzo ottimale, quando trasposti nell'uso multimediale. Infatti, nell'uso multimediale, l'algoritmo deve essere multifunzionale e tenere in considerazione sia le problematiche inerenti alle immagini, che abbiamo citato nei paragrafi precedenti, e contestualmente anche le modalità di steganografia nei file audio.

Ma che cos'è, in definitiva, un video?

Se ci pensate bene, quando guardiamo un film, ciò che ci si prospetta davanti ai nostri sensi sono l'audio della musica, l'audio dei dialoghi, eventuali scritte in sovrimpressione, titoli di testa e di coda, le immagini in movimento.

Bene.

Per quello che riguarda l'audio, sappiamo benissimo che gli algoritmi steganografici sono capaci di operare in maniera egregia. Ma lo sono anche per le immagini statiche, i BMP, i JPG, i GIF, etc.

Ma che cos'è allora un filmato?

Non è altro che una serie di immagini statiche ripetute successivamente nello spazio-tempo, ovvero, tante fotografie poste in rapida successione una dopo l'altra. Questo è un filmato, anche se il nostro senso della vista ci restituisce un'immagine in movimento, data l'alta velocità di successione delle immagini statiche.

Teoricamente, quindi, possiamo asserire che un algoritmo steganografico dovrebbe essere in grado di operare nei video. Da questa base concettuale, infatti, sono partiti gli studi sulla steganografia nei video. L'unico problema, che sembra sia stato risolto, è quello rappresentato proprio dalla poliedricità che il singolo algoritmo deve possedere per poter operare contemporaneamente sia sulle immagini sia sul sonoro, ma anche su eventuali scritte che possono comparire sullo schermo, e ancora, sui sottotitoli del film, e così via.

I software che si occupano di steganografia nei video non sono ancora tantissimi come quelli delle immagini statiche. Vedremo tuttavia, nel paragrafo successivo, un esempio di utilizzo di steganografia nei file multimediali con uno dei software più efficienti in circolazione. Lo faremo senza entrare nei dettagli tecnici, dal momento che, come abbiamo ripetuto nell'introduzione, questo non vuole essere un manuale prettamente tecnico ma una buona base di partenza per approfondire lo studio della materia, e ci siamo imposti di fare uno studio sulla steganografia ad un livello concettuale e pratico, per raggiungere un'utenza media e non esclusivamente settoriale. Una sorta di steganografia per tutti, insomma.

6.3 Caratteristiche principali del software MSU StegoVideo

MSU StegoVideo[27] è uno straordinario software steganografico che consente di nascondere qualsiasi file all'interno di una video sequenza.

Sviluppato in Russia nell'ambito del "compression project", MSU StegoVideo è nato da un'idea del Dr. Dmitriy Vatolin ed implementato da Oleg Petrov, i quali hanno analizzato tutti i CODEC in circolazione e testato tutti i possibili algoritmi alla ricerca di quello in grado di steganografare all'interno di un video che presenti un minor numero di errori e perdita di dati derivati inevitabilmente dalla compressione applicata ai video.

Non solo ci sono riusciti egregiamente, ma sono stati in grado con questo software di superare la barriera dei problemi dovuti alla compressione dei file, di cui abbiamo abbondantemente parlato nei paragrafi precedenti.

Infatti, come vedremo più avanti, con MSU StegoVideo è possibile estrarre i dati precedentemente steganografati anche se il file è stato sottoposto a compressione dopo l'inserimento del file nascosto.

Naturalmente, alcuni dati, in questo caso, potrebbero andare persi, ma sono talmente pochi che in ogni modo è possibile risalire alla maggior parte del contenuto del file nascosto. Sicuramente migliorabile, è comunque un risultato straordinario ed innovativo rispetto alle tecniche precedenti.

Maggiori informazioni su questo prodotto possono essere reperite sul seguente sito di riferimento del software, nella versione in lingua inglese per coloro che non parlano il russo, citato tra

---

[27] http://compression.ru/video/stego_video/index_en.html

l'altro anche nelle note a fine capitolo, ove è possibile inoltre scaricare il software:

http://compression.ru/video/stego_video/index_en.html

Ma vediamo più da vicino quali sono le caratteristiche peculiari di questo software.

Intanto dobbiamo dire che la qualità delle informazioni estratte da un video compresso, sebbene l'algoritmo utilizzato abbia un alto grado di poliedricità riuscendo ad operare ad ampio raggio, dipende da vari fattori, quali il CODEC utilizzato, dai dati ridondanti e dalla grandezza del fotogramma.

Molto importante è sottolineare il fatto che maggiori sono le informazioni ridondanti e maggiore è la probabilità di estrarre il file steganografato senza errori.

Un altro dato importante da evidenziare è che, dal momento che la tecnologia inerente alla steganografia nei video è ancora in fase embrionale, ma con grossi margini di miglioramento, si potrebbe evidenziare una leggera distorsione video dopo aver steganografato un file all'interno del filmato. Distorsione, naturalmente, impercettibile durante la normale visione del video, ma che potrebbe palesarsi in qualche punto del filmato quando viene applicato lo slow motion, e quindi rallentando sensibilmente la successione delle immagini.

La cosa straordinaria ed innovativa di questo software, invece, è che è possibile estrarre le informazioni steganografate anche se il video è stato successivamente sottoposto a compressione. Davvero impensabile sino a poco tempo fa.

Il funzionamento del software è pressoché simile ad altri applicativi steganografici.

Infine, per valutare il grado di funzionalità inerente alla compressione applicata, dopo l'iniezione steganografica, ho fatto un test.

Ve lo propongo.

Questo è un esempio di dati estratti:

(il simbolo # denota le parti mancanti del testo)

Nel mezzo del cammin di nostra vita mi ritrovai in una selva oscura...

Testo originale steganografato in un film

Nel mez# o del cammin di no### ra vita mi r#trovai in una## elva o#cura...

Testo estratto dopo la compressione con codec DivX

Come potete notare, seppure con qualche leggero difetto, è possibile estrarre il contenuto precedentemente steganografato, anche a seguito di compressione.

Le ricerche per migliorare tale tecnica e renderla totalmente esente da errori sono in fase avanzata. Si calcola che nel giro di pochissimo tempo si possa riuscire ad estrarre il file completamente identico al dato originale.

Comunque, quello raggiunto sinora, è un risultato eccezionale ed insperabile per le tecniche utilizzate in precedenza con le immagini e i file audio.

7. La Stegoanalisi

Come la crittoanalisi per la crittografia, la stegoanalisi[28] è definita come la scienza, nonché l'arte, del rompere la sicurezza di un sistema steganografico. Dato che lo scopo della steganografia è quello di nascondere l'esistenza di un messaggio segreto, un attacco con successo ad uno stegosistema consiste nello scoprire che un determinato file contiene dati nascosti anche senza conoscerne il loro significato. Essa intercetta ed analizza i dati e deve riuscire a capire se un determinato documento, testo semplice, immagine, audio, etc, nasconde un messaggio al proprio interno e poi eventualmente manipolare i dati allo scopo di risalire all'informazione nascosta vera e propria.

Come in crittoanalisi, si assume che il sistema steganografico sia conosciuto dall'attaccante e quindi che la sicurezza dello stegosistema dipenda dal solo fatto che la chiave segreta non sia

---

[28] - Anderson Ross J. - Petitcolas Fabien A.P.: "On the Limits of Steganography", May 1998.
   - http://www.dia.unisa.it/~ads/corso-security/www/CORSO-0203/steganografia/Stegoanalisi.htm

nota all'attaccante stesso. Mi riferisco al principio di Kerckhoff di cui abbiamo parlato precedentemente.

Lo stegosistema, ossia il complesso dei sistemi per intercettare ed analizzare le informazioni steganografiche, prevede situazioni di attacchi simili agli attacchi crittografici.

C'è però una distinzione da fare tra attacchi passivi e attacchi attivi: mentre nel primo tipo gli attaccanti riescono solo ad intercettare i dati, nel secondo riescono anche a manipolarli.

Ecco brevemente in che cosa consistono gli attacchi:

- **Stego-only-attack**: l'attaccante ha intercettato il frammento stego ed è in grado di analizzarlo. È il più importante tipo di attacco contro il sistema steganografico perché è quello che occorre più di frequente nella pratica.

- **Stego-attack**: il mittente ha usato lo stesso cover ripetutamente per nascondere dati. L'attaccante possiede un frammento stego diverso ma originato dallo stesso cover. In ognuno di questi frammenti stego è nascosto un diverso messaggio segreto.

- **Cover-stego-attack**: l'attaccante ha intercettato il frammento stego e sa quale contenitore è stato usato per crearlo. Ciò fornisce abbastanza informazioni all'attaccante per poter risalire al messaggio segreto.

- **Cover-emb-stego-attack**: l'attaccante ha "tutto": ha intercettato il frammento stego, conosce il contenitore usato e il messaggio segreto nascosto nel frammento stego.

- **Manipulating the stego data**: l'attaccante è in grado di manipolare i frammenti stego. Il che significa che l'attaccante può togliere il messaggio segreto dal frammento stego (inibendo la comunicazione segreta).

- **Manipulating the cover data**: l'attaccante può manipolare il contenitore e intercettare il frammento stego. Questo può significare che con un processo più o meno complesso l'attaccante può risalire al messaggio nascosto.

Lo stego-attack e il cover-stego-attack possono essere prevenuti se il mittente agisce con cautela. Come abbiamo più volte ripetuto, un utente non dovrebbe mai usare più volte lo stesso file come contenitore, né files facilmente reperibili o di uso comune.

Quindi, per riassumere, diciamo che anche se gli strumenti steganografici alterano soltanto i componenti meno significativi dell'immagine, essi lasciano comunque tracce rilevabili nell'immagine che contiene dati steganografati. La stegoanalisi si riferisce dunque all'evidenziazione della presenza di informazioni nascoste in un'immagine non sempre disponibile a chi la analizza.

Il modo più intuitivo per individuare file modificati è quello di confrontarli con l'originale: la soluzione normale per evidenziare informazioni nascoste è di costruire una libreria degli hash sets e di confrontarli con gli hash values del file sotto indagine; l'hash set identificherà le corrispondenze steganografiche del file. Quello che devono a questo punto fare gli stegoanalisti è utilizzare hash sets sicuri per escludere file affidabili dall'indagine.

I file di sistema non modificati dopo la loro installazione sono da includere in un hash set sicuro. NIST, di cui abbiamo già abbondantemente parlato, ha iniziato il progetto di ricerca *Libreria Software di Riferimento Nazionale* con lo scopo di calcolare un identificatore unico per ciascun file nel sistema operativo sulla base del contenuto del file. Questi identificatori vengono creati utilizzando l'algoritmo SHA-1; se qualcuno per esempio cerca di nascondere un'immagine pornografica rinominandola come un file ordinario del sistema operativo o rinominando un file JPG come .EXE, l'hash value derivato dall'immagine non corrisponderà con quello dei file del sistema operativo e sarà così individuato.

Per quanto concerne infine le tecniche, dobbiamo dire che la stegoanalisi include due principali tipologie:

- visual analysis, che cerca di rilevare la presenza di comunicazioni segrete decomponendo l'immagine nei suoi livelli di bit;

- statistical analysis che è in grado di rilevare se un'immagine è stata modificata testando se le sue proprietà statistiche deviano dalla norma.

Può identificare minuscole alterazioni nel comportamento statistico causate dall'annidamento steganografico.

Dopo l'attacco alle torri gemelle a New York ed a seguito delle ventilate ipotesi di utilizzo della steganografia da parte dei gruppi terroristici, sono stati in molti a dedicarsi alla ricerca di immagini steganografiche nel Web. La WetStone Technologies ha lavorato per conto della Air Force USA alla definizione di algoritmi per la intercettazione di immagini steganografiche.

E nonostante gli sforzi dell'esperto indipendente Niels Provos, guru dell'hacking, che ha setacciato due milioni di immagini su *eBay* (uno dei siti indicati da USA Today come più probabili luoghi di scambio di informazioni per i terroristi), nulla è stato trovato.

In particolare, Provos ha creato un programma, *StegDetect*[29], che analizza i dati di ciascuna immagine su base statistica riuscendo a evidenziare quelle che, in tutta probabilità, contengono dati nascosti.

Stegdetect è un programma che di cercare di individuare la presenza di informazioni steganografiche all'interno di file che apparentemente contengono solo un'immagine. Il programma è in grado, teoricamente, di individuare la presenza di diversi tipi di

---

[29] http://www.outguess.org/

algoritmi steganografici, ma non si può contare che l'analisi sia attendibile; soprattutto, non si può contare sul fatto che sia rivelato alcunché, anche quando l'informazione nascosta esiste veramente.

Stegdetect viene usato normalmente senza opzioni, indicando nella riga di comando l'elenco dei file da controllare; se questa indicazione manca, stegdetect attende il nome dei file da controllare dallo standard input.

Ecco un esempio molto semplice di utilizzo:

```
000001.jpg : negative

000002.jpg : S-Tools

000003.jpg  :  skipped  (false  positive
likely)

000004.jpg : Jsteg Shell

000005.jpg : Gif-it-up

000007.jpg : negative
```

Questo è il risultato che la ricerca del programma fornisce: può essere negativa, nel senso che non ha associato all'immagine nessun file nascosto, oppure, in base all'algoritmo che Stegdetect ritiene sia stato usato, fornisce il nome del software utilizzato per steganografare. Una volta individuato il file immagine "corrotto", sarà più semplice lavorarci sopra per una eventuale estrazione del file nascosto.

Il pacchetto di Stegdetect include anche il programma *Stegbreak* con il quale si può tentare di estrarre l'informazione contenuta nella portante, tentando di scoprire la password usata per cifrare i dati. In pratica, dopo aver utilizzato Stegdetect ed evinto sia che una data immagine contiene al suo interno un file nascosto sia l'algoritmo utilizzato, come si può vedere dall'esempio precedente, entra in scena Stegbreak.

L'utilizzo del programma avviene nello stesso modo di Stegdetect, con la differenza che, se l'analisi ha successo, il rapporto generato restituisce, con il nome del file nascosto, la password scoperta.

La tecnica utilizzata da Stegbreak è prevalentemente basata su attacchi "brute force" con i quali si effettua una ricerca esaustiva della password utilizzata vagliando tutte le possibili soluzioni per scoprirla ed adottando ogni metodo investigativo conosciuto.

Per chi volesse acquisire maggiori informazioni sulla stegoanalisi in generale, e su Stegdetect e Stegbreak in particolare, può visitare il sito di Niels Provos http://www.outguess.org/ ove è possibile scaricare la manualistica e i software in versione trial.

8. I campi di applicazione moderni della steganografia

Siamo giunti quasi in conclusione di questo viaggio che ci ha portato alla scoperta dei sistemi di scrittura occulta rappresentati dalla steganografia. Lo abbiamo fatto passando attraverso alcune fasi fondamentali che, passo dopo passo, ci hanno condotto sin qui. Ne converrete con me che sarebbe incompleto tutto il discorso ed alquanto fine a se stesso se non includessimo alcune informazioni fondamentali sull'utilizzo moderno della steganografia.

Penso sia un po' la curiosità di tutti, quella di sapere alla fin fine quali sono in definitiva i campi di applicazione della steganografia al giorno d'oggi.

Facciamo allora una panoramica su come viene impiegata la steganografia alla luce dei brillanti risultati ottenuti in questo campo.

8.1 Sicurezza delle informazioni

Uno dei settori dove la steganografia viene utilizzata prevalentemente, come è ovvio immaginare, è la sicurezza delle informazioni.

Cerchiamo allora di capire perché e quanto importante sia preservare le nostre informazioni facendo uso della steganografia o, comunque, di sistemi di scrittura occulta. Per farlo, si rende necessaria un'ampia discussione sull'importanza della sicurezza delle informazioni.[30]

Dobbiamo intanto partire dalla necessità di attuare policy di sicurezza delle informazioni nel contesto evolutivo del binomio comunicazione-informatica, visto che la steganografia moderna ne è pienamente coinvolta.

Oggi, il binomio comunicazione-informatica è un concentrato di sinergie che rappresentano il mezzo comunicativo moderno. L'evoluzione di entrambe è sempre stata orientata l'una verso l'altra.

La comunicazione, nel suo percorso evolutivo, è passata attraverso diverse fasi caratterizzate da tre tipologie comunicative.

La comunicazione in presenza, adottata per trasferire informazioni nell'antichità di padre in figlio, è caratterizzata da una condivisione spazio-temporale tra gli attori della comunicazione ed è di tipo sincrono in quanto la comunicazione avviene nello stesso istante.

Dobbiamo dire inoltre che la comunicazione in presenza richiede una certa "tecnica". Si tratta di conoscenze incorporate nella cultura, in qualche modo insite nel processo stesso di

---

[30] M.Fugini, F.Maio, P.Plebani, Sicurezza dei sistemi informatici, Apogeo, 2001.

apprendimento del linguaggio naturale. Infatti, apprendiamo sin dai primi anni di vita le modalità del conversare, ossia, prendere la parola a turno, parlare a una certa distanza, con un certo volume di voce, etc.

Un'altra tipologia di comunicazione è quella a distanza che, nel suo modello classico, è un tipo di comunicazione dove non vi è alcuna condivisione spazio-temporale; è inoltre asincrono in quanto sicuramente l'invio del messaggio non avviene nello stesso istante della ricezione. Nella comunicazione a distanza gli interlocutori comunicano in tempi diversi in luoghi diversi; pensiamo alla dinamica della comunicazione scritta di una lettera per esempio, oppure all'ipotesi di una registrazione di un messaggio video o audio che viene poi recapitato al destinatario, pensiamo ancora alla visione di una trasmissione televisiva precedentemente registrata, oppure all'invio di un **SMS** ad un utente che in quel momento ha il telefonino spento.

La comunicazione a distanza può essere però anche un tipo di comunicazione che, sebbene rispetti la consegna della non spazialità (diversamente non si potrebbe chiamare comunicazione a distanza), può non avere necessariamente una condivisione temporale, quale può essere per esempio l'azione di fare una telefonata che vada a buon fine.

Inoltre, le modalità di comunicazione sono strettamente correlate con lo sviluppo tecnologico. Pensiamo all'evoluzione dei metodi di scrittura, la nascita della stampa, lo sviluppo della rete ferroviaria, l'incremento dei mezzi di telecomunicazione, etc.

Ed arriviamo al tipo di comunicazione che più di ogni altro è strettamente legato all'evoluzione informatica: la comunicazione mediata. Questo è un tipo di comunicazione che adopera sostanzialmente lo strumento computer. È un tipo di comunicazione a distanza perché non vi è condivisione spaziale, in quanto i computer degli interlocutori sono distanti tra loro e comunque si tratta di comunicazione nel quale il computer fa da mediatore e interfaccia. Può essere inoltre un tipo di comunicazione sincrona quando si utilizza per esempio una chat o un servizio di tele-conferenza, ma può essere anche asincrona quando si invia una e-mail o si posta su un forum.

La comunicazione dunque si è evoluta in funzione dello sviluppo tecnologico e, viceversa, le tecnologie informatiche si sono sempre di più adeguate alle esigenze comunicative, basti pensare a Internet e tutte le possibilità comunicative che ci offre attraverso i siti Web, forum, chat, blog, e-mail, tele-conferenze, etc.

Il punto debole però di questa fase evolutiva della comunicazione è che è difficile garantire e preservare la sicurezza delle nostre informazioni. Anche perché, diversamente dal tipo di interazione faccia a faccia dove i pericoli di mancata sicurezza sono due: il ricevente la comunicazione oppure qualcuno che sta origliando la conversazione, l'interazione mediata dal computer e dalla Rete ha molte varianti e innumerevoli possibilità che qualcuno catturi l'informazione, visto le linee che la nostra informazione percorre nella Rete.

Ma vediamo cosa vuol dire garantire la sicurezza delle informazioni oggi.

Partiamo dalla considerazione che gli attacchi a un'organizzazione possono provenire sia dall'esterno che, molto spesso, dall'interno stesso.

Quando parliamo dunque di sicurezza ci riferiamo alla protezione delle reti locali, delle reti geografiche, dei database e delle applicazioni. Tutto ciò in pratica che contiene o fa veicolare le informazioni.

I problemi di sicurezza nascono dal fatto che:

1. Le reti sono per loro natura mezzi insicuri: in assenza di misure specifiche di protezione, la comunicazione avviene in chiaro (non cifrata), l'autenticazione degli utenti si basa semplicemente su password, non vi è in genere autenticazione dei server, le reti locali funzionano come mezzo di broadcast, e i collegamenti geografici non avvengono sempre tramite linee punto-punto ma attraversano linee condivise oppure tramite router di terzi. Tutto ciò quindi è difficilmente controllabile ai fini della sicurezza.

2. Le applicazioni possono contenere errori, virus, trojan o codici maliziosi che apparentemente svolgono una certa funzionalità ma che nel contempo copiano e trasmettono dati confidenziali.

3. I dati tendono sempre più ad avere un valore semantico ed è pertanto necessario proteggerli in base al loro significato oltre che semplicemente proteggere l'accesso logico e fisico ai file in cui sono memorizzati. Ciò vuol dire che un file di testo chiamato, per esempio, "*mie-password*" e che contiene l'elenco delle nostre password, è palesemente un file vulnerabile dal punto di vista della sicurezza.

4. I dati sono condivisi tra vari utenti, su siti diversi della Rete, con politiche di protezione spesso contrastanti e occorrono protocolli di negoziazione fra le politiche di accesso alle basi di dati e ai siti Web, i quali permettano l'accesso controllato alle informazioni.

È quindi necessario garantire le seguenti quattro caratteristiche dei messaggi e dei dati:

1. **Confidenzialità**: protezione da letture non autorizzate.

2. **Integrità**: protezione da modifiche non autorizzate.

3. **Autenticità**: certezza della sorgente, della destinazione e del contenuto dell'informazione.

4. **Non ripudio**: certezza che chi trasmette e chi riceve non possano negare di avere rispettivamente inviato e ricevuto il messaggio.

Vediamo brevemente quali sono le tipologie di attacco più frequente ai sistemi informativi.

1. **Spoofing di indirizzi IP**: si tratta della falsificazione dell'indirizzo di rete del mittente con conseguente alterazione di dati ed accesso ad applicativi e porzioni di sistema. La difesa consiste nell'applicare tecniche di autenticazione non basate solo sugli indirizzi.

2. **Sniffing di pacchetti**: si tratta della lettura non autorizzata di informazioni. Una delle difese può essere quella di utilizzare la crittografia.

3. **Shadow server**: si tratta di un elaboratore che si maschera come fornitore di un servizio e quindi richiede dei dati. La difesa principale consiste nell'applicare tecniche di autenticazione del server.

4. **Collegamenti hijacking**: sono i classici attacchi degli hacker. Un buon firewall o applicativi di verifica integrità informazioni può essere utile.

5. **Negazione di servizio**: si tratta di tenere impegnato un server o un tratto di rete, in modo che i servizi o i sistemi non siano disponibili. Si satura in pratica un server facendo in modo di inviare una moltitudine di messaggi in modo che il server si blocchi e non garantisca l'espletamento delle sue funzioni, sicurezza compresa. Allo stato attuale non esiste una vera ed efficace difesa. L'unica rimane il monitoraggio della rete.

Alla luce delle varie problematiche sin qui esposte, si comprende chiaramente ora perché è estremamente importante comunicare in maniera sicura attraverso sistemi che vadano oltre le normali misure preventive di sicurezza delle informazioni, quali possono essere la steganografia o anche la crittografia.

8.2 Campo della medicina

La medicina fruisce costantemente degli strumenti che le scienze e la tecnologia mettono a disposizione per una sempre più completa comprensione dei fenomeni fisici, chimici e biologici che avvengono nel complesso sistema che è l'organismo umano. Negli ultimi decenni, alle varie discipline scientifiche sopra menzionate, si è affiancata, in maniera trasversale, l'informatica: fonte d'innovazione per tutte. L'enorme potenzialità di calcolo, la possibilità di modellizzare i fenomeni complessi, di immagazzinare e recuperare con grande rapidità le informazioni e di rappresentare in maniera visiva realtà complesse sono solo alcuni degli esempi più appariscenti del contributo enorme che l'informatica fornisce alle varie tematiche delle scienze.

Ricorderete certamente quanto abbiamo detto a proposito del watermarking (ci ritorneremo comunque a parlarne in maniera approfondita nei prossimi paragrafi), ebbene, un'altra applicazione del watermarking digitale è l'associazione sicura di dati. Una filigrana persistente può consentire di inserire informazioni sensibili in un documento, in modo che queste siano associate in modo sicuro al documento stesso; eventualmente, cifrando queste informazioni, si può fare in modo che esse non siano utilizzabili da chi non ne ha il diritto.

Questo tipo di applicazione permette, ad esempio, di trattare immagini o registrazioni biomediche come radiografie, tomografie, risonanze nucleari magnetiche, etc., marcandole in modo da poter sempre identificare con sicurezza il soggetto a cui si riferiscono, conservando nel contempo la privacy delle informazioni sensibili.

Il campo medico è forse quello più in voga, insieme ai servizi bancari, per quello che concerne gli studi applicativi inerenti alla steganografia. Soprattutto negli Stati Uniti, i ricercatori si stanno sforzando di ottenere degli ottimi risultati che siano in grado di porre un giusto equilibrio tra la sicurezza dei dati dei pazienti e la loro privacy. Sebbene gli studi siano ancora in atto, si possono riscontrare degli ottimi risultati oggettivi.

8.3 Copyright e watermarking

Abbiamo avuto già modo di accennare all'uso della steganografia in ambito copyright. Lo abbiamo fatto nel primo capitolo, nel quale abbiamo citato anche qualche esempio applicativo. È' giunto ora il momento di approfondire gli elementi sostanziali che legano la steganografia al copyright. Parliamo, dunque, ancora di watermarking.

Come abbiamo già accennato nei paragrafi precedenti, il watermarking[31] non è altro che una filigrana digitale, ossia è un messaggio inserito in un gruppo di dati avente le seguenti caratteristiche: è inserito permanentemente, è rilevabile o estraibile in ogni momento al fine di poter fare delle asserzioni sui dati cui si riferisce, è nascosto all'interno dei dati, è indivisibile, è resistente ad operazioni che possano degradare fortemente i dati a cui si

---

[31] N.F.Johnson, S.Jajodia, - IEEE Computer, February 1998

riferisce, (si parla in questo caso di filigrana persistente), oppure degradabile anche per piccole manipolazioni, (filigrana labile).

In generale, gli algoritmi di filigranatura, per questioni di sicurezza, devono dipendere da una chiave segreta in modo che le filigrane non possano essere riprodotte da chi non possiede la chiave.

Un esempio classico di filigranatura è quello delle banconote. In questo caso, la filigrana garantisce al tempo stesso l'autenticità della banconota in quanto, riproducendo la banconota, la filigrana scompare, e la sua resistenza al deterioramento, ossia anche se deteriorata, fino ad un certo punto, la banconota mantiene il suo valore.

Le tecniche del watermarking digitale possono essere in generale applicate solo a certe tipologie di dati quali suoni, immagini, video.

Di solito, quindi, si tratta di dati multimediali in quanto, in generale, sono fortemente ridondanti: ecco allora che è possibile, con qualche cautela, inserirvi all'interno altri dati senza modificarne apprezzabilmente la percezione del dato di partenza.

Abbiamo avuto già modo di vedere nel paragrafo precedente alcuni campi di applicazione del watermarking. Abbiamo inoltre evidenziato l'importanza dell'utilizzo delle filigrane digitali per il tracciamento delle opere digitali per evitarne la contraffazione.

A tal fine, si usa una filigrana persistente nella quale vengono inserite alcune informazioni riguardanti i diritti digitali sull'opera, quali il possessore, il titolare dei diritti, una marca temporale e il legittimo destinatario.

Se l'immagine dovesse essere successivamente utilizzata illecitamente, il titolare dei diritti potrebbe chiederne conto al legittimo destinatario che, evidentemente, non ha vigilato sul suo uso corretto. Avendo utilizzato una filigrana persistente, il solo mezzo per eliminarla dall'opera è di degradarla fortemente, al punto da non essere più fruibile come l'originale.

Una filigrana labile, invece, può essere utilizzata per proteggere le opere dalle copie non autorizzate. In questo caso, bisogna assicurarsi che i sistemi di riproduzione abbiano la caratteristica di non accettare opere senza una filigrana valida (ad esempio, potrebbe essere la firma digitale del produttore). Quando l'opera viene copiata, la filigrana si deteriora, quindi l'opera non può più essere fruita. Ovviamente, questo tipo di applicazione richiede che non sia possibile costruire riproduttori che non verificano la filigrana, il che è senz'altro un elemento di debolezza.

Bisogna tuttavia dire che molte critiche vengono effettuate a questo tipo di impiego da chi considera i diritti degli utilizzatori, ad esempio la copia di riserva o la copia personale, oltre a quelli dei produttori di contenuti.

Utilizzare a questo scopo un codice sovraimpresso in chiaro all'immagine, facente riferimento ad una base di dati privata, ha lo svantaggio di dover mantenere le due informazioni separatamente e di essere maggiormente propenso agli errori. Inoltre, la tecnica di filigranatura potrebbe permettere di conservare i dati essenziali anche solo copiando delle parti dell'immagine.

La verifica di autenticità è un'altra delle possibili applicazioni del watermarking digitale. In questo caso, una filigrana labile distribuita uniformemente su tutta un'opera, può essere utilizzata per verificare l'autenticità dell'opera e per individuare eventuali sue parti che siano state alterate.

Abbiamo dunque visto le varie applicazioni possibili del watermarking. Per realizzarle però è necessario disporre di algoritmi di filigranatura che abbiano le seguenti caratteristiche:

- trasparenza rispetto al contenuto originale: la filigrana non deve essere facilmente percepibile;

- robustezza: gli algoritmi di generazione della filigrana e di verifica devono poter limitare al massimo falsi positivi e falsi negativi;

- sicurezza: non deve essere possibile generare o verificare filigrane senza avere la chiave (in alcuni casi, non deve neppure essere possibile capire se esiste o no una filigrana);

- permanenza o labilità a seconda delle applicazioni;

- efficienza dal punto di vista computazionale.

Appare evidente come sia molto difficile raggiungere tutte queste caratteristiche in un unico algoritmo. Infatti, si tratta di un campo aperto alla ricerca e tutt'altro che stabile e consolidato. Per il momento, dunque, bisogna accontentarsi di ottenere un ragionevole compromesso che dipende anche delle applicazioni.

Parliamo ora delle tecniche del watermarking.

Le tecniche che si utilizzano abitualmente per filigranare un documento ricadono essenzialmente in tre grosse categorie che possiamo racchiudere nei domini della frequenza, dello spazio e del tempo, che abbiamo già visto.

Vediamo allora le altre due.

Le tecniche nel dominio della frequenza hanno la caratteristica di "spalmarsi" su tutto il documento, e possono quindi essere indicate per coprire anche solo delle parti di documento. D'altra parte, tecniche di compressione con perdita di informazione possono deteriorare sensibilmente la filigrana, considerandola come "rumore" (ciò può essere considerata una caratteristica positiva se si desidera una filigrana labile). Questo perché le tecniche di compressione con perdita di dati, quali ad esempio quella utilizzata per comprimere le immagini JPG, agisce su ciò che considera "rumore", ossia dati meno significativi dal punto di vista della risoluzione dell'immagine o ridondanti e ripetitivi.

Per le immagini nel dominio dello spazio, per codificare una filigrana, viene spesso utilizzata la luminescenza in quanto è normalmente la caratteristica meno significativa dell'immagine. Ricordiamo che con il termine luminescenza si intende fondamentalmente l'emissione di radiazioni luminose che hanno lunghezza d'onda compresa nella banda del visibile o vicino-visibile.

Parliamo infine dell'estrazione del watermark.

Una filigrana digitale, per avere senso, deve poter essere estratta dal documento in cui è stata impressa, o, meglio, deve sempre essere possibile verificare la presenza o assenza della filigrana in un documento.

Nel caso di immagini, se queste sono state manipolate in qualsiasi modo (ingrandite, rimpicciolite, modificate di profondità, etc.) devono essere riportate alle caratteristiche iniziali, con conseguente rischio di un ulteriore degrado. L'algoritmo quindi deve tenere conto anche di questi aspetti.

L'estrazione della filigrana si compone sostanzialmente di due passi che consistono nella localizzazione della filigrana, a seconda del dominio in cui è realizzata, e nella ricostruzione della filigrana stessa.

L'uno e/o l'altro di questi passi, a seconda del tipo di tecnica utilizzata, può aver bisogno o no dell'originale e/o di una chiave.

Per riassumere brevemente quanto espresso in questo paragrafo, diciamo che in sostanza il watermark[32] è

---

[32] - http://elabor.homelinux.org/telecomapp/telecomapp.pdf
- http://www.rai.it/news/articolonews/0,9217,83845,00.html

un'informazione celata all'interno di un documento digitale i cui obiettivi sono:

1. Contenere informazioni sul copyright, per proteggere i diritti d'autore.

2. Autenticare il documento affinché dallo stato originale non venga manomesso o cambiato

3. Impedire le copie non autorizzate, ovvero attraverso delle speciali funzioni di controllo si impedisce che ne vengano fatte altre non autorizzate.

4. Localizzare un distributore di copie non autorizzate, il watermark perciò deve contenere anche informazioni come il nome del compratore etc.

Le tecniche di Watermark inoltre devono rispettare le seguenti regole:

• Rendere impossibile l'individuazione da parte di persone non autorizzate.

• Essere facilmente leggibile da chi ha l'autorità per farlo.

• Influire al minimo sul documento marchiato.

• Poter essere applicato a qualunque tipo di formato del documento, per reggere alla conversione da un formato all'altro.

Il Watermarking in realtà può essere utilizzato non solo per tutelare disegni artistici, immagini, ma anche file musicali, video montaggi e altri tipi di formati.

L'applicazione più diffusa della tecnologia di watermarking consiste nell'apposizione all'interno di un'immagine di una serie di informazioni, invisibili ad occhio nudo, riguardanti, ad esempio, il produttore, il titolare del copyright, l'acquirente, il tipo di licenza, la data della transazione, un numero progressivo di identificazione, etc.

L'utilizzo di questa tecnologia è piuttosto semplice, ma molti ancora non sanno della sua esistenza, infatti è sufficiente un software apposito, o anche solo un "plug-in" per i maggiori programmi di grafica, ad esempio *photoshop*, in grado di riconoscere i formati più diffusi di compressione delle immagini: gif, jpeg, bmp, e tante altre ...e creare un marchio resistente alle modifiche apportate all'immagine stessa.

Concludiamo questo paragrafo asserendo che, comunque, il sistema di watermarking non è sicuro al cento per cento. L'inviolabilità di tali sistemi è messa in discussione dall'esistenza di software in grado di cancellare agevolmente ogni watermark senza provocare un'evidente perdita di qualità delle immagini manipolate.

Vediamo allora come è possibile attaccarne l'integrità e la sicurezza.[33]

Con "StirMark" per esempio. Un software di pubblico dominio facilmente reperibile in Rete. Fu implementato nel novembre 1997, inizialmente con l'intento di testare l'affidabilità degli algoritmi di watermarking attraverso un processo random di distorsioni geometriche bilineari che avevano lo scopo di alterare la sincronizzazione degli algoritmi di watermarking. Coloro che l'hanno progettato affermano che questo software è in grado di alterare automaticamente tutti i watermark creati da Digimarc,

---

[33] - Fabien A. P. Petitcolas, Ross J. Anderson, Markus G. Kuhn. Attacks on copyright marking systems, in David Aucsmith (Ed), Information Hiding, Second International Workshop, IH'98, Portland, Oregon, U.S.A., April 15-17, 1998, Proceedings, LNCS 1525, Springer-Verlag, ISBN 3-540-65386-4, pp. 219-239.
   - Fabien A. P. Petitcolas. Watermarking schemes evaluation. I.E.E.E. Signal Processing, vol. 17, no. 5, pp. 58-64, September 2000.

SysCoP, JK_PGS, TALISMAN project - EPFL algorithm, Signum Technologies e EIKONAmark in meno di due minuti.

Affermano inoltre che questo proverebbe che tutti questi schemi non sono robusti abbastanza e per questo motivo l'attuale tecnologia non è pronta per un uso di pubblico dominio. Anche perché il risultato finale che StirMark fornisce è che si dimostra in grado di rimuovere le marcature digitali senza alterare minimamente l'integrità delle immagini.

Se volete, potete provare voi stessi a "rompere" la firma digitale delle vostre immagini scaricando StirMark[34] con tutta la documentazione connessa.

Attenzione però.

Sappiate che "rompere" sistemi di copyright è illegale. Utilizzatelo quindi solo su immagini di vostra proprietà.

Un'altra applicazione anti watermarking che però funziona solo con immagini in formato JPG è "unZign"[35], anch'essa disponibile su Internet. Anche in questo caso la sua nascita è dovuta a scopi di test di robustezza del watermarking. Chi lo ha implementato sostiene di essere riuscito a "rompere" la marcatura digitale persino dell'affidabile sistema di watermarking PGS (Pretty Good Signature).

Alla luce di quanto espresso viene da chiedersi quale sia il modo migliore per proteggere le nostre immagini, visto che anche i software di watermarking sono facilmente attaccabili. Una soluzione potrebbe essere l'utilizzo dei software Stealth Encryption[36] che dosano abilmente crittografia e steganografia.

---

[34] http://www.cl.cam.ac.uk/~fapp2/watermarking/stirmark/
[35] http://www.altern.org/watermark/unZign11.exe
[36] http://www.Stealthencrypt.com

8.4 Computer forensics

Un altro campo in cui la steganografia trova utile impiego, visto gli sviluppi tecnologici a cui abbiamo assistito anche in ambito criminologia, è la cosiddetta branca informatica, denominata computer forensics.[37]

Possiamo definire l'informatica forense come la scienza che studia l'individuazione, la conservazione, la protezione, l'estrazione, la documentazione e ogni altra forma di trattamento del dato informatico per essere valutato in un processo giuridico e studia, ai fini probatori, le tecniche e gli strumenti per l'esame metodologico dei sistemi informatici.

In definitiva, chi si occupa di computer forensic ha il compito dell'acquisizione e della conservazione delle prove intangibili, come quelle elettroniche, in maniera idonea per poter essere presentate in tribunale. Per far ciò, ha bisogno di tenere in considerazione alcuni aspetti, quali per esempio quelli tecnici della indagine informatica:

- Determinazione ed analisi del contesto operativo

- L'acquisizione delle prove

- La non ripudiabilità delle prove acquisite

- La catena di custodia

Ma ha anche bisogno degli strumenti tipici dell'investigatore informatico, che vedremo tra poco. Senza contare che deve acquisire gli elementi sostanziali della legislazione in materia di computer forensic. Un compito non facile, dunque.

---

[37] A. Ghirardini, G. Fagioli, Computer Forensics, Apogeo, 2007

Nell'ambito dell'informatica forense, assume notevole importanza l'assicurare che i dati non vengano alterati, né durante la fase di acquisizione, né durante i passaggi successivi. Vengono quindi utilizzate determinate metodologie operative al momento del sequestro, o dopo lo stesso, dei sistemi informatici, e algoritmi di hash come MD5 e SHA1 per generare chiavi di identificazione di ciascun file e quindi permettendo di verificarne l'integrità in qualsiasi momento successivo all'acquisizione.

Ricordiamo che nel linguaggio scientifico, l'hash è una funzione univoca operante in un solo senso (ossia, che non può essere invertita), atta alla trasformazione di un testo di lunghezza arbitraria in una stringa di lunghezza fissa, relativamente limitata. Tale stringa rappresenta una sorta di "impronta digitale" del testo in chiaro, e viene detta *valore di hash, checksum crittografico* o *message digest*. In informatica, la funzione di trasformazione che genera l'hash opera sui bit di un file qualsiasi, restituendo una stringa di bit di lunghezza predefinita.

Spesso il nome della funzione di hash include il numero di bit che questa genera: ad esempio, SHA-256 genera una stringa di 256 bit. L'MD5, per esempio, che abbiamo precedentemente citato, acronimo di *Message Digest algorithm 5*, è un algoritmo per la crittografia dei dati a senso unico realizzato da Ronald Rivest nel 1991.

Questo tipo di codifica prende in input una stringa di lunghezza arbitraria e ne produce in output un'altra a 128 bit (ovvero con lunghezza fissa di 32 valori esadecimali, indipendentemente dalla stringa di input) che può essere usata per calcolare la firma digitale dell'input. La codifica avviene molto velocemente e si presuppone che l'output (noto anche come "MD5 Checksum" o "MD5 Hash") restituito sia univoco (ovvero si ritiene che sia impossibile, o meglio, che sia altamente improbabile ottenere con due diverse stringhe in input una stessa firma digitale in output) e che non ci sia possibilità, se non per tentativi, di risalire alla stringa di input partendo dalla stringa di output (la gamma di possibili valori in output è pari a 16 alla 32esima potenza).

È molto importante, dunque, preservare le informazioni memorizzate sull'hard-disk del computer sequestrato perché rappresenta l'oggetto d'indagine primario e indispensabile.

Tra i tanti elementi che vengono analizzati, le polizie di tutto il mondo hanno ormai inserito a pieno titolo anche la steganografia. Infatti, è sempre più sovente l'utilizzo di tecniche steganografiche, da parte dei malviventi, per nascondere informazioni compromettenti all'interno dei computer sequestrati. Si stanno così affinando tecniche di stegoanalisi atte a individuare eventuali documenti o messaggi segreti nascosti all'interno di immagini apparentemente innocue.

Un esempio ci viene dalla Germania dove, qualche mese fa, nel 2007, la polizia ha scoperto all'interno di un computer di un individuo sospettato di pedofilia, una serie di immagini paesaggistiche. Nulla da eccepire, erano fotografie di paesaggi naturali, fiumi, monti, nulla di preoccupante, dunque.

A seguito di un'attenta analisi, però, quelle fotografie si sono rivelate essere dei contenitori di altrettante fotografie, questa volta pedo-pornografiche, inserite all'interno delle fotografie di paesaggi con tecniche steganografiche.

Ma quali sono gli strumenti che gli operatori del computer forensics utilizzano?

Vediamone alcuni.

Il **write blocker**, per esempio, un dispositivo usato dagli investigatori nel campo dell'informatica forense per prevenire eventuali scritture su hard disk oggetto di investigazioni.

Generalmente il write blocker è posto tra il disco esaminato e il computer utilizzato per esaminarlo.

Ci sono due tipi di write blocker, *native* e *tailgate*:

- un write blocker *native* è usato per collegare il disco attraverso la sua interfaccia nativa (es.: disco IDE su interfaccia IDE o disco SCSI su interfaccia SCSI),

- un write blocker *tailgate* è usato invece per collegare il disco attraverso una interfaccia diversa (es.: disco IDE tramite USB o disco SATA tramite FireWire).

Altro strumento molto importante è il **DEFT**[38], acronimo di "Digital Evidence and Forensics Toolkit". Si tratta di un progetto tutto italiano nato per esigenze didattiche legate al corso di Informatica Forense della facoltà di Giurisprudenza dell'Università degli studi di Bologna, esigenze che dopo pochi mesi divennero sempre più professionali grazie alle richieste implementative del dr. Donato Caccavella.

DEFT è un sistema operativo che usa la memoria RAM del computer per essere utilizzato, pertanto non va ad alterare in alcun modo il contenuto di eventuali periferiche collegate all'apparato dove lo si sta utilizzando; all'avvio di default DEFT rileva le periferiche collegate ma non esegue il mount automatico questo per dare il massimo controllo all'utente utilizzatore del sistema. Al suo interno sono presenti tutti i migliori tool open source per il computer forensic. Dhash è in grado di calcolare MD5 e SHA1 sum singolarmente e anche in parallelo; è dotato di una interfaccia grafica intuitiva che permette l'utilizzo del software anche agli utenti inesperti (esiste anche una interfaccia di tipo testuale che risulta essere ancor più performante).

---

[38] Sito ufficiale del progetto DEFT (http://deft.yourside.it/)

Sfdumper[39] (Selective File Dumper), invece, è un tool Open Source che facilita la ricerca dei files per tipologia o meglio per estensione (es. .doc o .jpg), realizzato principalmente per l'informatica forense. Il progetto nasce dall'esigenza di facilitare la ricerca e l'estrazione di tutti i file di un certo tipo in ambiente Linux.

Sfruttando la potenza dello Sleuthkit ed Autopsy, strumenti per il recupero dei file referenziati e cancellati, si possono cercare i file con una certa estensione, nel File System, scrivendo moltissimi comandi, in linux pipe, dello Sleuthkit e di Linux, stesso dicasi per i file cancellati.

Concludiamo con uno strumento di indagine molto all'avanguardia.

Nell'attività di consulenza forense uno degli strumenti più completi e decisamente complessi è **Helix**[40].

Helix rappresenta un laboratorio di computer forensics gratuito, veloce e completo. E' ottimo per l'indipendenza da Windows e senza possibilità che i dati rilevati possano venire "inquinati", in quanto non necessita di installazione, si avvia direttamente da CD e dispone di molti strumenti dedicati, anche se non facili da usare, al computer forensics.

Per utilizzarlo è necessario scaricarlo da **www.e-fense.com/helix/** e fare click su download. Una volta scaricato (circa 700Mb) va masterizzato, ed è pronto per essere usato.

---

[39] Maggiori informazioni su Sfdumper (http://sfdumper.sourceforge.net/)
[40] Maggiori informazioni su Helix ((http://www.newstechnology.eu)

Una volta avviato compare una prima schermata in cui si può scegliere la voce GUI, a meno di possedere almeno 1 GB di RAM è quindi si può scegliere l'opzione: *Copy Helix to RAM (need 1Gb+)*. Questa opzione è utile soprattutto se disponete solamente del masterizzatore e lo volete usare per fare una copia fisica dei dati su CD o DVD. Se volete clonare l'hard disk incriminato su un altro HD ethernet potete scegliere l'opzione GUI all'avvio.

Dopo l'esecuzione compare la schermata principale con le partizioni e gli hard disk sul desktop ed in basso una barra di strumenti la cui voce più importante è: **Helix Menù** e i suoi sottomenù più importanti sono **Forensics** e **Incident Response.**

Vediamoli nel dettaglio.

Sottomenù Forensic
Adepto   Esegue una copia del disco selezionato ed esegue l'hash del file-immagine
Retriever   Esegue una ricerca sui dispositivi di immagini, audio e video
RegViewer   Visualizzatore del Registro di Windows
HexEditor   Editor Esadecimale

Sottomenù Incident Response
Ethereal: Strumento per l'analisi delle reti
Clam A V: Software antivirus
F-Prot: Software antivirus

Sottomenù System Tools
Contiene alcuni strumenti per la gestione di dispositivi floppy, usb, firewire, utility di ricerca e di gestione delle partizioni

Sottomenù Office
Contiene i visualizzatori dei tipi di files più conosciuti (pdf, doc, xls, ppt)

Sottomenù Multimedia
Contiene software multimediali, compresi quelli di masterizzazione per eseguire una copia dei dati da prelevare su supporto rimovibile

Sottomenù Helix Tools
Contiene una serie di strumenti per la gestione di reti ADSL, modem ed altri utility.

Consiglio infine, a tutti quelli che volessero approfondire la materia testando i vari strumenti a disposizione degli operatori dell'informatica forense, di visitare il sito inglese http://www.forensic-computing.ltd.uk/tools.htm nel quale è possibile reperire davvero tante utili informazioni, oltre che una vasta gamma di software da scaricare.[41]

Ecco un esempio di strumenti messi a disposizione dal sito:

- Forensic Software tools for Windows

- Image and Document Readers

- Data Recovery/Investigation

- Password Cracking

- Network Investigation

- Phone Investigation

- PDA Investigation

- Forensic LAB Tools

---

[41] Strumenti di computer forensic http://www.forensic-computing.ltd.uk/tools.htm

Non mi resta che augurarvi buon divertimento.

E ricordate: investigare nei computer altrui è un reato, se non si possiede la dovuta autorizzazione!

Conclusioni

Siamo giunti al termine di questo percorso cognitivo sulla steganografia. Come avete avuto modo di constatare, l'abbiamo fatto mantenendo una certa sobrietà per quello che concerne l'approfondimento tecnico.

Lungi dal voler essere un freddo manuale tecnico, in questo libro ho cercato di utilizzare sempre un linguaggio chiaro ed accessibile a tutti. Sono sicuro che qualcuno, specialmente gli esperti di sistemi di scrittura occulta, avrebbero voluto seguire un percorso un po' diverso, magari che avesse approfondito maggiormente le tecniche steganografiche e che fosse sceso nei minimi dettagli tecnici. Mi spiace per costoro, avranno comunque modo di approfondire presso altre fonti i singoli particolari tecnici e specifici della steganografia, ma l'obiettivo di questo libro è stato quello di offrire gli argomenti trattati ad una vasta audience per fare in modo che si avvicini alla steganografia e ne apprenda i concetti basilari e, soprattutto, la possa utilizzare da subito ed in maniera pratica. Spiegare nei minimi dettagli il funzionamento dei vari algoritmi steganografici, avrebbe voluto dire orientarsi esclusivamente su di un'utenza di nicchia ed esperti del settore.

Questo libro, invece, è rivolto a chiunque abbia la curiosità di avere una panoramica completa della steganografia e a chi debba avvicinarsi ad essa per motivi di studio non avendo conoscenze di base in materia, o a chi la volesse utilizzare per garantire la sicurezza delle proprie informazioni senza necessariamente entrare nello specifico e nel complicato. Tutto ciò anche in considerazione del fatto che questo libro è l'unico esistente in lingua italiana che tratta in maniera esaustiva la steganografia.

Ritengo in ogni caso che con questo libro sono stati raggiunti gli obiettivi prefissati. Oltre che aver fornito ampie spiegazioni sul significato della steganografia, è stato fatto un excursus storico sul suo utilizzo nel corso della storia.

Abbiamo, inoltre, abbondantemente parlato delle tecniche moderne di steganografia e come utilizzarla attraverso l'ausilio dei software in circolazione, oltre che descrivere l'utilizzo odierno della moderna steganografia. Un percorso, insomma, delineato in maniera tale che, coloro che volessero approfondire le proprie conoscenze in ambito steganografia, lo possono fare tranquillamente con la consapevolezza di avere acquisito, tramite questo libro, delle solide basi di partenza.

Non mi resta che ringraziarvi per essere giunti sin qui.

Bibliografia

Anderson Ross J., Petitcolas Fabien A.P.: *On the Limits of Steganography*, May 1998. ISSN 0733-8716

Erodoto. Pagg.515 de L'universale- La grande enciclopedia tematica n.17 - 2005 Garzanti Libri

Fabien A. P. Petitcolas. *Watermarking schemes evaluation. I.E.E.E. Signal Processing*, vol. 17, no. 5, pp. 58–64, September 2000.

Fabien A. P. Petitcolas, Ross J. Anderson, Markus G. Kuhn. *Attacks on copyright marking systems*, in David Aucsmith (Ed), Information Hiding, Second International Workshop, IH'98, Portland, Oregon, U.S.A., April 15-17, 1998, Proceedings, LNCS 1525, Springer-Verlag, ISBN 3-540-65386-4, pp. 219-239.

Fugini M.,Maio F.,Plebani P., *Sicurezza dei sistemi informatici*, Apogeo, 2001

Ghirardini, G. Fagioli, *Computer Forensics*, Apogeo, 2007

Johnson N.F.,Jajodia S., - IEEE Computer, February 1998

Johnson N.F., Jajodia S., *Steganography: Seeing the Unseen -* IEEE Computer, February 1998

Livraghi G., *Cenni di storia dei sistemi di informazione e di comunicazione in Italia*, Terzo rapporto del Censis sulla comunicazione, marzo 2004, reperibile all'URL http://gandalf.it

Manovich L., *Il linguaggio dei nuovi media*, Edizioni Olivares, Milano, 2001.

Marangoni R., Geddo M., *Le immagini digitali*, Hoepli, Milano, 2000

Nyce J., Kahn P. (a cura di), *Da Memex a Hypertext*, Franco Muzzio, 1992

Pedroni M., *Sistemi e tecnologie della comunicazione*, Tecom Project, Ferrara, 2001

Pedroni M., Poletti G., *Comunicazione digitale e basi di dati*, Tecom Project, Ferrara, 2001

Simmons G.J., *The prisoners' problem and the subliminal channel, in Advances in Cryptology*: Proceedings of Crypto 83 (D. Chaum, ed.), pp. 51-67, - Plenum Press, 1984.

Singh S., *Codici e segreti* (The Code Book) - BUR saggi, Febbraio 2002

Tritemio G., "*Clavis Steganographiae*", 1606.

Tritemio G, "*Steganographia*", 1606.

-----æ-----

Articolo su Al Qaeda del 8 maggio 2005 della giornalista Monica Losciale, fruibile al link:
http://www.warnews.it/index.php/content/category/1/28/

Articolo di Michele Nasi fruibile su:
http://www.01net.it/01NET/HP/0,1254,35_ART_87809_kw208,00.html?lw=35

"*Data formats and compression Wav format*"
http://ibis.nott.ac.uk/guidelines/ch62/chap6-2.html

"*Ecco come gli hacker sono riusciti ad aggirare il tentativo di Pechino di bloccare Internet*" Articolo di Jennifer Lee pubblicato sul quotidiano International Herald Tribune il 11/10/2002

"*L'informatica per i Beni Culturali*" - Articolo di Domenico Bennardi
1999 http://freeweb.supereva.com/bennardi.freeweb/InfoBC.htm?
p

"*Mpeg Audio Layer 3*" http://www.iis.fhg.de/amm/techinf/layer3/

"*Mp3Stego*"
http://www.cl.cam.ac.uk/~fapp2/steganography/mp3stego/

"*Occultamento di testi in immagini digitalizzate*"
http://www.nemesi.net/stegano.htm

"*Steganografia origini, tecniche e prospettive*" - Articolo di Roberto Campesato, Andrea Sottoriva - Versione 0.7, 05 Febbraio, 2005 (http://www.metalabs.org/hifi/docs/steganografia.ps)

"*Steganography*" http://www.jjtc.com/stegdoc/index2.html

"*The graphic file formats page Bmp format Gif format*"
http://www.dcs.ed.ac.uk/~mxr/gfx/

-----æ-----

http://biografie.leonardo.it/biografia.htm?BioID=86&biografia=Osama+Bin+Laden

http://cocchiar.web.cs.unibo.it/steg/

http://compression.ru/video/stego_video/index_en.html

http://deft.yourside.it/

http://elabor.homelinux.org/telecomapp/telecomapp.pdf

http://elabor.homelinux.org/telecomapp/telecomapp.pdf

http://sfdumper.sourceforge.net/

http://steganography.tripod.com/stego/software.html

http://steghide.sf.net/

http://steghide.sourceforge.net/

http://www.adl.org/terrorism_america/bin_l.asp

http://www.altern.org/watermark/unZign11.exe

http://www.cl.cam.ac.uk/~fapp2/watermarking/stirmark/

http://www.darkside.com.au/snow/

http://www.dia.unisa.it/

http://www.dia.unisa.it/~ads/corso-security/www/CORSO-0203/steganografia/Stegoanalisi.htm

http://www.forensic-computing.ltd.uk/tools.htm

http://www.mediamente.rai.it/docs/approfondimenti/010620.asp

http://www.mibmagazine.it/article.php?id=30

http://www.newstechnology.eu

http://www.nist.org

http://www.outguess.org/

http://www.pazuzu.it/tritemio

http://www.rai.it/news/articolonews/0,9217,83845,00.html

http://www.rai.it/news/articolonews/0,9217,83845,00.html

http://www.repubblica.it/online/tecnologie_internet/steganografia/steganografia/steganografia.html

http://www.scruch.com/docs/manuals/crittologia.pdf

http://www.Stealthencrypt.com

http://www.steganos.com

http://www.stegoarchive.com

http://www.vincos.it/IctrlU/tempest.htm

http://www.wikipedia.it

Informazioni sull'autore

É sempre difficile descrivere se stessi, forse perché ci si vede sempre da una sola angolazione. Si rischia pertanto di essere troppo faziosi, sia in negativo che in positivo.

Io poi, sono quasi sempre un poco restio a parlare di me stesso, chiuso probabilmente in quella gabbia culturale fatta di riservatezza e discrezione o, come dicono gli anglofoni, "*low profile*".

Comprendo comunque che si rende necessario farlo in questo contesto, in quanto è giusto e corretto nei confronti dei lettori far sapere loro con chi si ha a che fare quando si legge un libro.

Eccomi dunque. Tralasciando gli studi fatti, si tratta di normalissimi corsi universitari e post laurea, approdo alle mie passioni: la comunicazione, la scrittura, il diritto e l'ICT.

Sono scrittore di romanzi e di saggi, ho ricevuto nel 2022 una menzione di merito al Secondo Premio Letterario Internazionale Dostoevskij, in occasione del quale un ampio brano del mio romanzo "Un amore contrastato" è stato inserito nell'antologia riepilogativa del Premio, pubblicata dall'editore Aletti.

Sono risultato inoltre finalista al concorso letterario nazionale Argentario 2022 e Premio Caravaggio col romanzo Il mistero del tesoro nascosto.

Sono tecnologo della comunicazione audiovisiva e multimediale, con elevate competenze professionali nel campo informatico, e con una comprovata pluriennale esperienza di lavoro nel settore IT e ICT in ambito internazionale.

Inoltre, sono stato docente universitario presso la facoltà di scienze della comunicazione dell'università Insubria di Varese della materia "Scritture Segrete", che comprendeva principalmente argomenti di insegnamento come la steganografia, la crittografia e tutte le tecniche elusive della comunicazione.

Tuttora sono docente universitario all'università di Alberta in Canada, dove insegno online le seguenti tre materie:

- Database Design for Information Management;
- Metadata
- Human Information Interaction.

Vi invito a visitare la mia pagina Facebook

www.facebook.com/nicola.amato.scrittore

Date un'occhiata anche al mio blog, dove potrete conoscere altri miei lavori letterari, oltre che mettervi in contatto con me:

nicola-amato.blogspot.it

Ho aperto inoltre da poco il mio canale YouTube, dove potrete vedere brevi video inerenti ai miei libri ed alcuni booktrailer:

www.youtube.com/channel/UC7HuyTExwr_IPagrPFROuoA

Di che cosa parlano i miei libri?

Ho scritto diversi libri nel corso degli ultimi anni, sia romanzi che saggi, e sono stati pubblicati sia nel formato e-book e sia in quello cartaceo.

I saggi trattano varie tematiche interessanti, alcune delle quali molto conosciute e apprezzate in maniera globale, mentre altre sono considerate di nicchia.

Per quanto riguarda i romanzi invece, alcuni sono improntati su temi sociali ed altri su argomenti di interesse. Sono comunque tutti molto intriganti.

Date un'occhiata qui di seguito alla lista dei miei libri, e nel caso vogliate approfondire le argomentazioni trattate perché hanno destato il vostro interesse, andate sul link che segue, il quale vi indirizzerà sulla mia pagina Amazon dove potrete acquisire maggiori informazioni su questi libri.

www.amazon.it/Nicola-Amato/e/B0058FNDFQ/

Romanzi

- La prostituta

- Un amore contrastato

- La Bibbia del Diavolo

- Il mistero del tesoro nascosto

- Stalking letale

- Loschi affari nella ricerca sul cancro

- Fenomeni dell'aldilà

- Il clochard

- Il segreto del castello di Copernico

Saggi

- Le tecnologie NRDBMS e i vantaggi strategici che apportano sfruttando gli asset digitali aziendali

- Guida alle strategie di backup dei dati

- Storia della Crittografia Classica

- La steganografia da Erodoto a Bin Laden: Viaggio attraverso le tecniche elusive della comunicazione

- La sicurezza delle informazioni nel contesto evolutivo del binomio comunicazione-informatica

- La disciplina giuridica dell'informatica forense nell'era del cloud

- Manuale della comunicazione multimediale: Come comunicare in maniera efficace con i prodotti multimediali

- L'evoluzione giuridica della responsabilità medica

- Profili giuridici dei reati di falsa testimonianza e di frode processuale

- Come interpretare il linguaggio del corpo durante la fase del corteggiamento

- Come scrivere un romanzo di qualità

- Piero Angela: Come puntare alla più alta soglia dei contenuti con la più semplice soglia del linguaggio.